# 성경 공부

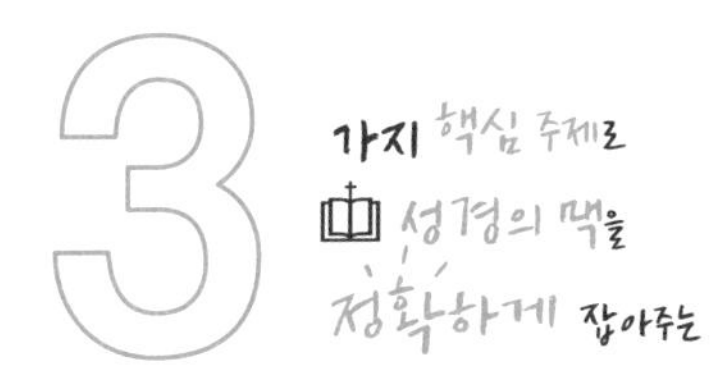


구약 · 신약 · 기독교 교리

구약
신약
기독교 교리

# 인사말

**샬롬!**

하나님께서 주시는 평안이 여러분께 항상 가득하기를 바랍니다.

하나님은 우리에게 자신을 알리시고, 우리가 구원받을 수 있도록 성경을 주셨습니다. 우리는 구원을 받기 위해 성경을 읽어야 하고, 또 구원을 받은 후에 하나님의 자녀답게 살기 위해 성경을 읽어야 합니다. 가장 좋은 성경 공부 교재는 바로 성경입니다.

하지만 성경을 읽다 보면 무슨 뜻인지 알기 힘든 부분이 있습니다. 그리고 배경지식을 몰라서 이해가 안 되는 부분도 있습니다. 그래서 성경을 어려워하며 자의적으로 해석하거나 이단에 빠지기도 합니다.

성경공부3은 성경 속에 난해한 부분과 꼭 알아야 할 부분을 선정하여 책으로 만들었습니다. 성경공부3을 읽으면 하나님께서 성경을 통해 우리에게 무엇을 말하고자 하셨는지 알 수 있을 것입니다. 성경공부3을 읽고 성경 전반에 관하여 알고 싶다면 성경공부7을 추천합니다.

거룩하시고 사랑이 가득하신 하나님께 감사와 찬양을 드립니다.

영성교육

## 구약


| | | |
|---|---|---|
| 1 | 하나님께서 성경을 주신 까닭은 무엇인가요? | 12 |
| 2 | 성경은 오류가 없나요? | 13 |
| 3 | 성경의 주인공은 누구인가요? | 14 |
| 4 | 하나님은 세상을 어떻게 창조하셨나요? | 15 |
| 5 | 하나님은 세상을 어떤 순서로 창조하셨나요? | 16 |
| 6 | 하나님께서 인간을 창조하신 목적은 무엇인가요? | 17 |
| 7 | 자유의지란 무엇인가요? | 18 |
| 8 | 하나님의 형상대로 창조되었다는 말은 무슨 의미인가요? | 19 |
| 9 | 선악과란 무엇인가요? | 20 |
| 10 | 하나님은 선악과를 왜 만드셨나요? | 21 |
| 11 | 하나님은 선악과를 먹을 줄 아셨나요? | 22 |
| 12 | 선악과를 먹은 결과 어떻게 되었나요? | 23 |
| 13 | 아담이 선악과를 먹은 결과 무엇이 죽었나요? | 24 |
| 14 | 죄란 무엇인가요? | 25 |
| 15 | 아담의 죄가 왜 인류의 죄가 되나요? | 26 |
| 16 | 인류의 역사는 얼마나 되나요? | 27 |
| 17 | 하나님은 왜 가인의 제사를 받지 않으셨나요? | 28 |
| 18 | 가인은 누가 자신을 죽인다고 생각했나요? | 29 |
| 19 | 노아는 어떻게 모든 동물을 방주에 넣었나요? | 30 |
| 20 | 노아가 가나안을 저주한 까닭은 무엇인가요? | 31 |
| 21 | 인간의 언어가 나누어진 까닭은 무엇인가요? | 32 |
| 22 | 족장 시대는 언제인가요? | 33 |
| 23 | 욥이 고난을 받은 까닭은 무엇인가요? | 34 |
| 24 | 하나님은 왜 아브라함을 택하셨나요? | 35 |
| 25 | 하나님이 아브라함에게 약속한 복은 무엇인가요? | 36 |
| 26 | 아브라함은 어떻게 의인으로 인정받았나요? | 37 |
| 27 | 하나님이 아브라함을 시험하신 까닭은 무엇인가요? | 38 |
| 28 | 야곱은 속임수로 축복을 받은 건가요? | 39 |

29 이스라엘 민족만 이집트를 탈출했나요? 40
30 하나님이 바로의 마음을 완악하게 만드셨을까요? 41
31 하나님은 왜 가나안 족속을 진멸하라고 하셨나요? 42
32 하나님은 왜 모세를 죽이려고 하셨나요? 43
33 성막과 성전의 차이점은 무엇인가요? 44
34 성막 기구들은 무엇을 상징하나요? 45
35 하나님께서 율법을 주신 까닭은 무엇인가요? 46
36 복과 저주는 자손에게 유전되나요? 47
37 하나님이 부정적인 계명을 주신 까닭은 무엇인가요? 48
38 하나님은 왜 형상을 만들지 말라고 하셨나요? 49
39 하나님이 동해복수법을 정하신 까닭은 무엇인가요? 50
40 하나님이 음식을 가려서 먹도록 하신 까닭은 무엇인가요? 51
41 하나님은 왜 산모를 부정하다고 하셨나요? 52
42 도피성을 만든 까닭은 무엇인가요? 53
43 장자에게 더 많은 상속을 한 까닭은 무엇인가요? 54
44 하나님이 노예제도를 인정하셨나요? 55
45 안식년과 희년을 정하신 까닭은 무엇인가요? 56
46 구약시대 십일조는 어떤 용도로 사용되었나요? 57
47 미리암은 왜 하나님의 징계를 받았나요? 58
48 이스라엘은 왜 40년 동안 광야에서 방황했나요? 59
49 모세와 아론은 왜 가나안 땅에 들어가지 못했나요? 60
50 하나님은 왜 발람에게 화를 내셨나요? 61
51 가나안 땅에 들어가기 전에 할례를 한 까닭은 무엇인가요? 62
52 사사 시대에 왕이 없었던 까닭은 무엇인가요? 63
53 이스라엘 백성은 왜 왕을 원했나요? 64
54 하나님은 왜 왕을 세우도록 허락하셨나요? 65
55 입다는 왜 자신의 딸을 제물로 바쳤나요? 66
56 삼손의 힘은 어디에서 나왔나요? 67
57 룻이 보아스와 결혼한 까닭은 무엇인가요? 68
58 사울은 왜 하나님께 버림받았나요? 69

59 엔돌의 무당이 불러낸 사람은 사무엘이 맞나요? 70
60 사울은 왜 다윗을 알아보지 못했나요? 71
61 미갈은 왜 임신하지 못했나요? 72
62 다윗의 인구조사가 왜 죄가 되나요? 73
63 솔로몬 성전은 어디에 세워졌나요? 74
64 솔로몬은 지혜로운 왕이었나요? 75
65 하나님은 일부다처제를 허용하셨나요? 76
66 이스라엘 백성은 왜 우상숭배를 했나요? 77
67 시편은 어떤 책인가요? 78
68 솔로몬이 쓴 잠언과 전도서는 어떤 내용인가요? 79
69 아가서에서 남녀 간의 사랑은 어떤 의미인가요? 80
70 이스라엘 왕국이 분열된 까닭은 무엇인가요? 81
71 북이스라엘은 어떻게 멸망했나요? 82
72 멸망한 북이스라엘은 어떻게 되었나요? 83
73 남유다는 어떻게 멸망했나요? 84
74 남유다는 몇 번에 걸쳐 바벨론에 포로로 끌려갔나요? 85
75 바벨론 포로는 어떻게 귀환했나요? 86
76 에스더는 왜 '죽으면 죽으리이다'라는 말을 했나요? 87
77 요나가 도망친 까닭은 무엇인가요? 88
78 구약과 신약 사이에 어떤 일이 있었나요? 89

## 신약

1 구약과 신약의 기준은 무엇인가요? 92
2 그리스도란 무슨 뜻인가요? 93
3 예수님이 이 땅에 오신 목적은 무엇인가요? 94
4 성육신이란 무엇인가요? 95
5 성부 하나님과 예수님은 어떤 관계인가요? 96
6 복음서에 나오는 예수님의 계보가 왜 다른가요? 97
7 동방박사는 어떤 사람인가요? 98

8 동방박사가 드린 예물의 의미는 무엇인가요? 99

9 헤롯은 대체 몇 명인가요? 100

10 예수님은 왜 마귀의 시험을 받으셨나요? 101

11 세례 요한은 천국에 가지 못했나요? 102

12 팔복은 어떤 사람이 받나요? 103

13 물과 성령으로 태어난다는 말은 무슨 뜻인가요? 104

14 예수님은 왜 율법을 모두 지키셨나요? 105

15 사랑이 어떻게 율법을 완성할 수 있나요? 106

16 성령의 법이란 무엇인가요? 107

17 형제에게 미련하다고 하면 지옥에 가나요? 108

18 예수님은 왜 좁은 문으로 들어가라고 하셨나요? 109

19 새 포도주는 왜 새 부대에 넣어야 하나요? 110

20 예수님은 세상에 검을 주러 오셨나요? 111

21 천국이 침노를 당한다는 말은 무슨 뜻인가요? 112

22 수고하고 무거운 짐이란 무엇인가요? 113

23 천국의 비밀이 허락되지 않은 사람은 누구인가요? 114

24 부자는 천국에 들어가지 못하나요? 115

25 주님의 이름만 부르면 천국에 들어갈 수 있나요? 116

26 행함이 없는 믿음은 죽은 믿음인가요? 117

27 예수님께 요한의 세례에 관해 질문한 의도는 무엇인가요? 118

28 예수님께 세금에 관해 질문한 의도는 무엇인가요? 119

29 다윗과 그리스도는 어떤 관계인가요? 120

30 하나님은 왜 안식일을 정하셨나요? 121

31 예수님은 안식일에 관해 어떤 가르침을 주셨나요? 122

32 예수님은 왜 종교 지도자들을 책망하셨나요? 123

33 성령을 모독하면 용서받지 못하나요? 124

34 바리새인과 서기관의 의보다 뛰어나야 천국에 가나요? 125

35 예수님은 베드로에게 왜 성전세를 내라고 하셨나요? 126

36 마귀들이 돼지에게 들어간 까닭은 무엇인가요? 127

37 예수님은 야이로의 딸이 죽었는데 왜 잔다고 하셨나요? 128

38 혈루증 앓는 여자는 왜 예수님의 옷을 만졌나요? 129
39 예수님은 수로보니게 여인을 왜 개로 비유하셨나요? 130
40 문둥병자들의 몸이 나은 까닭은 무엇인가요? 131
41 예수님은 왜 병자들을 치료하셨나요? 132
42 마리아는 왜 예수님께 향유를 부어드렸나요? 133
43 예수님이 베드로에게 주신 천국의 열쇠는 무엇인가요? 134
44 예수님은 왜 무화과나무를 저주하셨나요? 135
45 예수님이 예루살렘 성을 보고 우신 까닭은 무엇인가요? 136
46 예수님은 제자들에게 왜 칼을 준비하라고 하셨나요? 137
47 예수님이 가룟 유다에게 사탄이 들어가도록 하셨나요? 138
48 가룟 유다가 없었다면 예수님은 죽지 않으셨을까요? 139
49 예수님은 왜 이 잔을 내게서 옮겨달라고 기도하셨나요? 140
50 예수님이 십자가에서 하신 말씀의 의미는 무엇인가요? 141
51 초대교회는 어떤 활동을 했나요? 142
52 아나니아와 삽비라는 왜 죽었나요? 143
53 예루살렘 공회가 소집된 이유와 결과는 무엇인가요? 144
54 바울이 로마로 가게 된 까닭은 무엇인가요? 145
55 바울은 일평생 어떤 삶을 살았나요? 146

## 가독교 교리

1 하나님은 몇 분이신가요? 150
2 삼위일체란 무슨 뜻인가요? 151
3 하나님은 어떤 속성이 있으신가요? 152
4 하나님은 아무나 사랑하시나요? 153
5 하나님도 후회하시나요? 154
6 하나님의 뜻을 어떻게 알 수 있나요? 155
7 천사는 어떤 존재인가요? 156
8 천사는 무슨 일을 하나요? 157
9 사탄은 어떤 존재인가요? 158

10 사탄은 나중에 어떻게 되나요? 159

11 지옥은 어떤 곳인가요? 160

12 영혼이란 무엇인가요? 161

13 죽으면 영, 혼, 육은 어떻게 되나요? 162

14 회개란 무엇인가요? 163

15 구원이란 무엇인가요? 164

16 어떻게 해야 구원을 받나요? 165

17 예수님이 희생제물이 되신 까닭은 무엇인가요? 166

18 어떻게 해야 의인이 될 수 있나요? 167

19 구원의 대상은 누구인가요? 168

20 구원을 받은 후에 어떤 변화가 일어나나요? 169

21 구원받았다는 사실을 어떻게 알 수 있나요? 170

22 양자의 권리와 의무는 무엇인가요? 171

23 구원을 잃어버릴 수도 있나요? 172

24 구원받은 후 죄를 지으면 어떻게 되나요? 173

25 구원받은 후에 어떻게 살아야 하나요? 174

26 성령님은 어떤 분인가요? 175

27 성령님이 우리에게서 떠날 수도 있나요? 176

28 성령의 열매를 맺으려면 어떻게 해야 하나요? 177

29 교회는 건물을 의미하나요? 178

30 아무나 하나님께 예배드릴 수 있나요? 179

31 기도는 어떻게 해야 하나요? 180

32 방언을 못 하면 믿음이 부족한 건가요? 181

33 성찬식을 하는 까닭은 무엇인가요? 182

34 휴거란 무엇인가요? 183

35 적그리스도는 누구를 말하나요? 184

36 예수님은 어떻게 재림하시나요? 185

# 구약

## 1 하나님께서 성경을 주신 까닭은 무엇인가요?

우리 그리스도인들은 우주를 보며, 자연을 보며, 사람을 보며, 하나님이 분명히 존재한다고 믿습니다. 그러나 모든 사람이 그 사실을 깨닫지 못합니다. 신이 존재하는 것 같으나 정확히 어떤 신인지 모르기 때문에 인간은 자신들이 상상하여 신을 만들어 냈습니다. 태양이나 오래된 나무까지 신처럼 섬겼습니다.

**인간이 하나님을 아는 지식이 부족하므로 하나님은 자신을 구체적으로 알리시려고 특별계시인 성경을 주셨습니다.** 말로만 계시하면 사람은 쉽게 잊어버리고 전달 과정에서 오류가 발생할 수 있으므로 하나님께서 글로써 계시해 주셨습니다.

우리는 성경을 통해 하나님은 공의로우시며 진실하시고 악이 없으시며 의로우시고 정직하신 분이라는 사실을 분명히 알 수 있습니다(신32:4). 또한 성경은 예수님이 그리스도이시며 하나님의 아들이라는 사실을 믿게 하고 믿음으로 영생을 얻는다는 사실도 가르쳐 줍니다(요20:31).

**생각해 보세요**

하나님은 무엇을 통해 자신의 영원하신 능력과 신성을 분명하게 보여주셨나요? (롬1:20)

## 2 성경은 오류가 없나요?

성경은 오류가 없습니다. 하나님의 말씀을 기록한 책이기 때문입니다. 모든 성경은 하나님의 영감으로 기록하였습니다(딤후3:16). 영감이란 성령님이 하나님의 말씀을 사람에게 직접 넣어 주시고 기록하게 하셨다는 뜻입니다. 성경을 기록한 사람은 모두 성령님이 그 사람 안에 있었습니다. 진리의 영이신 성령님은 성부 하나님의 뜻을 오류 없이 온전하게 사람에게 전하셨습니다(요 16:13).

성경을 기록한 사람들은 하나님의 말씀을 직접 받은 사람이거나 그 사람의 말을 옮겨 적은 사람입니다. 자식이 아버지의 말을 옮겨 적었다면 그것은 자식의 말인가요? 아버지의 말인가요? 당연히 아버지의 말이지요. 성경 기록자는 하나님께서 거룩하게 구별하신 성령 충만한 사람들이었습니다. 그들 안에 계신 성령님이 하나님의 말씀을 온전하게 기록하게 하셨습니다. 따라서 성경의 모든 말씀은 사람의 생각이 아닌 하나님의 말씀을 기록한 것입니다(벧후 1:20-21).

하나님의 말씀을 기록한 책을 성령 충만한 사람들이 읽은 후 하나님의 말씀이라고 인정하여 66권이 성경이 되었습니다. 하나님은 성경 기록자를 존중하셔서 성경을 기록할 때 그 사람만의 독특한 문체와 방식을 사용할 수 있도록 허락하셨습니다. 그러나 기록자가 자의적으로 기록하도록 허락하지 않으셨습니다. 그래서 성경을 읽어보면 기록한 사람과 시대는 다르지만 마치 한 사람이 기록한 것처럼 일관성과 통일성이 있다는 사실을 알게 됩니다.

## 3 성경의 주인공은 누구인가요?

성경의 주인공은 하나님이십니다. 성경에 다윗, 다니엘, 이사야, 바울, 베드로 등 훌륭한 인물이 많이 나옵니다. 그렇다면 그 사람들은 위대하고 본받을만한가요? 위대하고 본받을만한 분은 오직 하나님뿐입니다. 따라서 성경을 배우거나 가르칠 때 사람이 초점이 되어서는 안 됩니다.

하나님은 순종하는 사람을 높여 주시고 불순종하는 사람을 낮추십니다. 다윗은 간음죄와 살인죄를 저질렀으나 하나님께 진심으로 회개하고 하나님의 주권을 인정하였으므로 하나님이 다윗을 높여 전쟁에서 승리하도록 하셨습니다. 사울은 노골적으로 하나님께 불순종하였을 뿐만 아니라 진심으로 회개하지 않고 변명만 일삼았으므로 하나님께서 버리셨습니다.

룻기를 읽을 때 룻처럼 시어머니를 잘 섬기고 착하게 살면 복을 받는다고만 생각하면 안 됩니다. 이방인이더라도 하나님을 잘 섬기면 구원해 주신다는 사실을 깨달아야 합니다. 에스더서를 읽을 때 에스더처럼 담대한 믿음을 가져야겠다고만 생각하면 안 됩니다. 하나님은 불순종하여 포로가 된 이스라엘을 버리지 않으시고 그들을 구원해 주셨다는 사실을 깨달아야 합니다.

성경의 초점을 인간이 아닌 하나님으로 향하면 성경을 통해 우리에게 전달하려는 하나님의 뜻을 잘 이해할 수 있습니다.

## 4 하나님은 세상을 어떻게 창조하셨나요?

성경에 기록된 대로 세상을 말씀만으로 창조하셨습니다. 하나님께서 빛이 있으라고 말씀하시니 빛이 생겼습니다. 땅에게 풀과 씨를 맺는 채소와 열매 맺는 씨를 가진 과실수를 내라고 명령하시자 그대로 되었습니다. 이렇게 말씀으로 모든 것을 창조하셨습니다. 이런 일이 가능한 까닭은 하나님은 전능하신 분이기 때문입니다.

하나님은 아무것도 없는 상태에서 모든 것을 만드셨습니다. 인간은 무에서 유를 창조할 수 없습니다. 인간이 발명할 수는 있습니다. 그러나 발명은 존재하는 것을 이용하여 새로운 기술이나 물건을 만드는 것이지 무에서 유를 창조하는 것이 아닙니다.

하나님은 세상을 창조하신 후 내버려 두지 않으십니다. 말씀으로 창조하셨듯이 말씀으로 만물을 붙들고 계십니다(히1:3). 만물을 붙들고 있다는 말은 명령을 계속 땅에 보내시면서(시147:15) 지으신 모든 것을 보존하시고 운행하시고 통치하신다는 뜻입니다. 지구가 태양 주위를 일 년에 한 번씩 한 치의 오차도 없이 도는 모습을 보세요. 이것이 어떻게 가능하겠습니까? 하나님이 말씀으로 지금도 붙들고 계시기 때문입니다.

**생각해 보세요**

여러분은 하나님이 만물을 붙들고 계신다는 사실을 무엇을 통해 알 수 있나요?

## 5 하나님은 세상을 어떤 순서로 창조하셨나요?

하나님은 말씀만으로 7일 동안 세상을 창조하셨습니다.

첫째 날, 빛을 만드시고 빛을 어둠에서 나누셨습니다. 해와 달은 넷째 날 창조되었으므로 이날 창조된 빛은 해와 달에서 나오는 빛이 아니라 빛 그 자체를 말합니다.

둘째 날, 궁창을 나누시고 궁창 위에 있는 물과 아래 있는 물로 나누셨습니다. 이날 만드신 궁창은 대기권 밖에 있는 하늘을 말합니다.

셋째 날, 물들이 한곳으로 모이도록 명령하여 바다와 땅을 만드셨습니다. 땅에 풀과 채소와 과실수를 내도록 명령하셨습니다.

넷째 날, 해, 달, 별을 만드셔서 낮과 밤을 주관하게 하셨습니다. 이렇게 낮과 밤이 생기면서 인간에게 시간이라는 개념이 생겼습니다.

다섯째 날, 물들에 물고기를 내라고 하셨고 궁창에 하늘을 나는 새를 내라고 명령하셨습니다. 여기서 궁창은 대기권을 말합니다.

여섯째 날, 땅에 가축과 기는 것과 짐승을 내라고 명령하셨고, 하나님의 형상대로 사람을 만들어 모든 것을 다스리게 하셨습니다.

일곱째 날, 안식하셨으며 복 주시고 거룩히 구별하셨습니다.

## 6 하나님께서 인간을 창조하신 목적은 무엇인가요?

창세기 1장 28절에서 하나님은 아담과 하와에게 생육하고 번성하여 땅에 충만하라, 땅을 정복하라, 바다의 물고기와 하늘의 새와 땅에 움직이는 모든 생물을 다스리라고 말씀하셨습니다.

그렇다면 인간은 모든 생물을 자기 뜻대로 다스려도 될까요? 하나님은 이 백성은 내가 나를 위해, 나를 찬송하도록 지었다고 말씀하셨습니다(사 43:21). 하나님의 찬양을 전하도록 인간을 창조하셨다는 뜻입니다.

하나님은 세상을 창조하시고 인간에게 하나님의 뜻대로 세상을 다스리도록 하셔서 세상 만물이 하나님을 찬양하기를 바라셨습니다. 하나님을 찬양한다는 말은 하나님의 은총에 항상 감사하고, 하나님의 뜻대로 살면서 기쁨을 누리고, 모든 영광을 하나님께 돌린다는 의미입니다. 하나님은 인간을 포함한 세상 만물이 자신에게 진심으로 찬양하기를 원하십니다.

하나님은 인간이 하나님의 뜻대로 세상을 다스리도록 하나님의 형상대로 창조하셨습니다. 따라서 아담은 하나님의 뜻이 무엇인지 교육을 받을 필요도 없이 태어나면서부터 알 수 있었습니다.

## 7 자유의지란 무엇인가요?

자유의지란 타인의 의지가 아닌 자기 스스로 행하고 선택하고 이루려는 마음을 말합니다. 하나님은 자신의 형상대로 인간을 창조하시고 자유의지를 주셨습니다. 하나님은 인간이 맹목적으로 자신에게 복종하기를 원하지 않으십니다. 하나님은 인간이 자발적으로 순종하며, 자발적으로 하나님께 영광 돌리기를 원하십니다.

아담은 자유의지로 선악과를 먹을 수도 있었고 먹지 않을 수도 있었습니다. 아담은 자유의지로 선악과를 먹었으므로 인간의 타락은 인간 스스로 선택한 결과입니다. 하나님은 이스라엘 백성들을 거룩하게 하려고 율법을 주셨으나 율법을 지키라고 일방적으로 강요하지 않으셨습니다. 이스라엘 백성들이 자유의지로 율법을 지키겠다고 약속했습니다(출24:7). 그러나 그들은 자유의지로 율법을 어겼습니다.

인간이 타락하여 멸망할 수밖에 없을 때 하나님은 노아에게 방주를 지으라고 명령하셨습니다. 노아는 자유의지로 하나님의 명령을 거절할 수 있었으나 자유의지로 순종하여 방주를 지었습니다. 하나님은 아브라함을 택하셔서 많은 민족을 이루게 하시겠다고 약속하셨고 아브라함은 자유의지로 그 약속을 믿어 의인으로 인정받았습니다.

하나님은 예수님을 구주로 영접하면 누구든지 구원을 얻도록 하셨습니다. 자유의지로 그 약속을 믿는 사람은 구원을 받으나, 자유의지로 믿지 않는 사람은 구원을 받지 못합니다.

## 8 하나님의 형상대로 창조되었다는 말은 무슨 의미인가요?

하나님은 우리의 형상을 따라 우리의 모양대로 우리가 사람을 만들자고 말씀하셨습니다(창1:26). 여기서 우리는 성부 하나님, 성자 하나님, 성령 하나님 이렇게 세 분을 말합니다. 인간은 이렇게 하나님의 형상을 따라 창조되었습니다. 형상이란 무엇인가요? 형상은 영어로 'image'입니다.

우리가 화성을 직접 보지는 못했으나 사진을 보면서 대략 화성이 어떤 모습인지 알 수 있습니다. 화성 사진의 이미지는 실제 화성입니다. 하나님은 영이시므로 우리 눈에 보이지 않습니다. 하지만 하나님의 형상을 사람에게 그대로 옮기셨으므로 사람을 보면 하나님이 어떤 분이신지 알 수 있습니다. 사람의 이미지는 곧 하나님이십니다.

아담이 하나님께 죄를 지어 하나님의 형상이 훼손되었으며 그 상태로 계속 유전되고 있습니다. 따라서 지금 인간을 보면 하나님이 어떤 분이신지 정확히 알 수 없습니다. 그러나 하나님의 형상을 아는 방법이 하나 있습니다. 하나님의 형상 그대로 이 땅에 오신 분을 보면 됩니다. 그분이 바로 예수님입니다. 예수님의 말씀과 행동을 보면 하나님이 어떤 분이신지 알 수 있습니다. 우리가 하나님의 형상을 회복한다는 말은 예수님을 닮아가는 삶을 산다는 뜻입니다.

**생각해 보세요**

아무도 하나님을 본 적이 없으나 누가 하나님을 밝히 드러내 보이셨을까요? (요1:18)

## 9 선악과란 무엇인가요?

선악과는 선과 악을 알게 하는 나무에서 나는 열매입니다. 선악과는 에덴동산 중앙에 있었습니다. 하나님은 아담에게 에덴동산의 모든 나무에서 나는 것은 마음대로 먹을 수 있으나 선악과는 먹지 말라고 하셨습니다(창2:16). 그것을 먹는 날에는 반드시 죽는다고 경고하셨습니다.

선악과를 먹으면 선악을 알게 됩니다. 선악을 안다는 말은 무엇이 옳고 옳지 않은지 판단한다는 뜻입니다. 하나님이 세상을 창조하셨고 통치하시므로 선악의 기준은 오직 하나님께만 있어야 합니다. 그래서 하나님은 아담에게 선악과를 먹어서는 안 된다고 명령하셨습니다. 아담이 선악과를 먹으면 아담도 선악을 알게 됩니다. 아담이 선악을 안다는 말은 하나님 기준의 선악을 안다는 뜻이 아니라 자기 기준의 선악을 새로 만든다는 뜻입니다. 한 국가에 두 가지 법이 존재하면 안 되듯이 하나님이 창조하신 세상에 하나님의 법과 인간의 법이 공존할 수는 없습니다. 그래서 하나님은 절대 선악과를 먹지 말라고 말씀하신 것입니다.

**생각해 보세요**

하나님께서 20세 미만의 아이들이 가나안 땅에 들어가도록 허락하신 까닭은 무엇일까요? (신1:39)

## 10 하나님은 선악과를 왜 만드셨나요?

하나님은 아담과 한 약속의 표시로 선악과를 에덴동산 가운데에 두셨습니다. 어떤 약속인가요? 하나님만이 선악의 기준이 되시며 인간은 하나님이 정하신 선악의 기준에 순종하겠다는 약속입니다. 하나님은 억지로 자기에게 순종하기를 원하지 않으십니다. 그래서 아담이 원한다면 언제든지 약속을 어기고 선악과를 먹을 수 있도록 에덴동산 중앙에 두셨습니다. 아담과 하와는 선악과를 보면서 하나님과의 약속을 기억했을 것입니다.

아담이 선악과를 먹었다는 말은 하나님과의 약속을 파기했다는 뜻입니다. 아담이 하와의 권유로 마지못해 선악과를 먹었나요? 아닙니다. 아담은 고의로 선악과를 먹었습니다. 실수로 먹었다면 하나님께서 용서해 주실 수 있는 문제입니다. 선악과를 먹으면 반드시 죽는다고 하나님께서 말씀하셨는데도 그것을 먹어 버렸습니다. 선악과를 먹은 행위는 하나님과의 약속을 파기하겠다는 명백한 의사 표시입니다. 하나님께 더 이상 순종하지 않겠다는 뜻입니다. 하나님처럼 되어서 자기가 옳다고 생각하는 대로 세상을 다스리려는 의지의 표현입니다.

선악과가 없었더라도 아담은 다른 방법을 사용해서라도 하나님과의 약속을 파기했을 것입니다. 아담은 하나님과 했던 약속을 깨고 자기 기준의 선악을 세우려고 고의로 선악과를 먹었습니다.

## 11 하나님은 선악과를 먹을 줄 아셨나요?

하나님은 아담이 선악과를 먹는다는 사실을 알고 계셨습니다. 그렇다면 아담이 선악과를 먹을 줄 알면서 동산 중앙에 선악과를 놓아두신 까닭은 무엇인가요? 아담을 함정에 빠뜨리려고 하신 걸까요? 만약 여러분의 자녀에게 우산을 가지고 학교에 가라고 말했는데도 끝까지 거부하면 어떻게 하시겠습니까? 그때는 자녀가 하고 싶은 대로 내버려 두는 게 좋습니다. 그래야 비를 맞고 오면서 부모님 말씀에 불순종한 행동을 반성하겠지요.

하나님은 인간에게 자유의지를 주셨습니다. 자유의지란 인간이 다른 사람의 방해를 받지 않고 스스로 행동하고 의사 결정을 하는 능력을 말합니다. 하나님은 인간을 로봇처럼 만들어서 지배하기를 원하지 않습니다. 인간 스스로 결정하고, 자발적으로 하나님을 경외하며 하나님의 명령에 순종하기를 원하십니다.

아담에게는 약속을 지킬 자유의지도 있었지만, 약속을 어길 자유의지도 있었습니다. 하나님은 선악과를 먹으면 반드시 죽는다고 말씀하셨으나 그는 과감히 죽음을 택하면서까지 자기 뜻대로 선악을 판단하며 살겠다고 결심하였습니다. 하나님은 아담의 뜻을 존중해 주셨습니다. 하지만 인간을 버리지 않으셨습니다. 인간 스스로 하나님을 떠나서는 살 수 없다는 사실을 깨닫고 다시 돌아오기를 바라셨고 다시 돌아올 수 있는 길을 열어주셨습니다.

## 12 선악과를 먹은 결과 어떻게 되었나요?

하와는 뱀의 유혹을 뿌리치지 못하고 선악과를 먹었을 뿐만 아니라 아담도 먹게 하였습니다. 하나님의 기준으로는 인간의 벌거벗은 모습 자체는 악하지 않습니다. 그러나 아담과 하와는 자기 기준의 선악이 생겼고 그 기준으로 보니 벌거벗은 자신들의 모습이 악하다고 생각하여 부끄러워 몸을 가렸습니다.

하나님은 아담에게 땅이 너 때문에 저주를 받고 너는 평생 고통 중에서 그 소산을 먹는다고 말씀하셨습니다. 하와에게는 네가 고통 가운데서 자식을 낳으며 너는 남편을 원하고 남편이 너를 주관한다고 하셨습니다. 뱀도 배로 다니며 평생토록 흙을 먹는 저주를 받았습니다.

하나님은 그들이 에덴동산에 있는 생명나무 열매를 먹지 못하도록 에덴동산 동쪽에 그룹들과 사방으로 도는 불타는 칼을 두어 생명나무의 길을 지키도록 하셨습니다. 생명나무 열매를 먹으면 육신이 영생하므로 먹지 못하도록 하신 것입니다.

**생각해 보세요**

하나님은 아담과 하와에게 무엇으로 옷을 만들어 입히셨을까요? 그 옷의 의미는 무엇일까요? (창3:21)

## 13 아담이 선악과를 먹은 결과 무엇이 죽었나요?

하나님은 아담에게 선악과를 먹는 날에는 반드시 죽는다고 경고하셨습니다(창2:17). 무엇이 죽는다는 말씀인가요?

**선악과를 먹으면 육신이 죽습니다.** 아담은 930세까지 살았습니다. 선악과를 먹고 바로 죽지는 않았습니다. 반드시 죽는다는 말은 선악과를 먹는 즉시 죽는다는 뜻이 아니라 죽음이 시작되어 조금씩 진행된다는 뜻입니다. 선악과를 먹는 날이란 특정한 날을 의미하는 것이 아니라 선악과를 먹은 행위를 강조한 표현입니다.

선악과를 먹어서 영이 죽었다고 해석하기도 합니다. 사실 영은 불멸하므로 죽지 않습니다. 영이 죽었다는 말은 하나님과 친밀한 교제가 끊어졌다는 뜻입니다. 죽은 영은 예수님을 구주로 영접하면 성령님의 능력으로 다시 살아나고 하나님과 친밀한 교제가 회복됩니다. 그런 면에서 영이 죽었다는 말도 틀린 표현은 아닙니다. 그러나 창세기 2장 17절에서 말씀하신 죽음은 육신의 죽음을 말합니다.

**생각해 보세요**

하나님은 아담에게 어디로 돌아가라고 말씀하셨나요? (창3:19)

## 14 죄란 무엇인가요?

죄는 하나님께서 하라고 명령하신 것을 하지 않거나, 하지 말라고 명령하신 것을 하는 것입니다. 알고 했든지 모르고 했든지 죄입니다.

하나님은 자신의 형상대로 아담을 창조하시면서 그의 마음에 하나님의 법을 기록하셨습니다. 그러나 아담이 하나님께 불순종하여 하나님의 형상이 훼손되었습니다. 아담의 후손도 아담의 죄를 이어받아 하나님의 형상이 훼손된 채 태어났으므로 하나님의 법을 정확히 알지 못했습니다.

아담의 후손인 인류는 아담의 죄를 물려받았습니다. 이 죄를 원죄(原罪)라고 합니다. 인간은 살면서 불의, 음행, 탐욕, 시기, 살인, 속임수, 적개심, 미워함, 교만함, 불순종 등 수많은 죄를 범하는데 이를 자범죄(自犯罪)라고 합니다.

하나님은 이스라엘을 택하셔서 하나님의 법을 다시 알려 주고 잊지 않도록 기록하게 하셨습니다. 이것이 율법입니다. 하지만 그들은 율법을 제대로 이해하지 못해 형식적으로 지켰습니다. 하나님은 예수님을 구주로 영접한 사람들에게 다시 하나님의 법을 주셨습니다. 이번에는 이스라엘 백성에게 주신 것처럼 문서로 주시지 않고 성령님을 통해서 마음속에서 깨달아 지키도록 하셨습니다. 이를 성령의 법이라고 합니다.

**생각해 보세요**

아담은 누구의 형상을 닮은 아들을 낳았을까요? (창5:3)

## 15 아담의 죄가 왜 인류의 죄가 되나요?

아담은 하나님과 맺은 언약을 깨고 먹지 말라고 명령한 선악과를 먹었습니다. 하나님은 아담 한 사람과 언약을 한 것이 아니라 전 인류와 언약을 한 것으로 간주하셨습니다. 따라서 **아담이 언약을 파기했을 때 모든 인간이 언약을 파기한 것으로 간주하셨습니다.**

아담은 하나님께 죄를 짓고 죄인이 되었습니다. 자식은 부모의 유전자를 물려받습니다. 신분도 물려받습니다. 아담은 모든 인간의 첫 번째 부모입니다. 인류는 아담으로부터 죄성과 죄인의 신분을 물려받았습니다. **아담의 전 속성이 부패하였으므로 모든 인간의 전 속성도 같이 부패하였습니다.** 따라서 아담 이후로 인간은 하나님의 뜻에 순종하기를 거부하고 자신들이 옳다고 생각하는 대로 행동했습니다.

자식이 부모에게 좋지 못한 유전자를 받았더라도 본인이 노력하면 결함을 극복할 수 있습니다. 낮은 신분으로 태어났으나 본인이 노력하면 신분이 상승하기도 합니다. 미국인으로 태어났더라도 본인이 원하면 국적을 바꿀 수 있습니다. 따라서 인간도 아담에게 물려받은 죄성과 죄인의 신분에서 벗어나 하나님의 형상을 회복하고 의인이 될 수 있습니다.

**아담은 선악과를 먹고 하나님의 명령을 거부하여 죄인이 되었지만, 지금 내가 하나님의 법에 순종하며 하나님께로 돌아가겠다고 고백한다면 하나님은 나를 받아 주시고 죄인의 신분에서 의인의 신분으로 바꿔 주십니다.**

## 16 인류의 역사는 얼마나 되나요?

인류의 역사는 약 6,000년입니다. 성경에 기록된 주요 인물들의 수명을 계산해 보면 인류의 역사를 알 수 있습니다.

아담은 930년 동안 살았습니다. 아담은 130세에 셋을 낳았습니다. 아담이 죽고 126년 후에 노아가 태어났습니다. 노아의 나이 600세에 대홍수가 일어났습니다. 노아는 대홍수 이후 350년을 더 살았고 950세에 죽었습니다. 아브라함이 태어날 때 노아도 생존해 있었습니다. 아브라함이 58세 때 노아가 죽었습니다. 아브라함은 100세 때 이삭을 낳고 175세에 죽었습니다. 이삭은 60세에 야곱을 낳고 180세에 죽었습니다. 야곱은 130세에 요셉의 도움으로 이집트로 이주하여 그곳에서 147세에 죽었습니다.

성경에 기록된 인간의 수명을 근거로 계산해 보면 아담은 B.C.4114년에 출생하였으며, 노아는 B.C.3058년에 출생했다는 사실을 알 수 있습니다. 대홍수는 B.C.2458년에 일어났습니다. 노아는 대홍수 이후 350년을 더 살았으므로 B.C.2108년에 죽었습니다. 아브라함은 B.C.2166년에 출생했습니다. 야곱과 그의 가족들은 B.C.1876년에 이집트로 이주합니다. 이집트로 이주한 지 430년이 지난 B.C.1446년에 이스라엘 백성들은 모세의 인도로 이집트에서 탈출합니다.

## 17 하나님은 왜 가인의 제사를 받지 않으셨나요?

하나님이 가인의 제사를 받지 않으신 까닭은 그가 하나님이 원하시는 제사 즉 어린양을 희생하여 피를 흘리는 제사를 드리지 않았기 때문입니다. 하나님의 구원 계획은 아담이 에덴동산에서 쫓겨났을 때부터 이미 시작되었습니다. 성경 기록에는 없으나 하나님은 아담에게 어린양을 희생하여 제물로 바쳐야 한다고 알려 주셨을 것입니다. 아벨이 어떻게 하나님께 어린양을 희생하여 제물로 바칠 생각을 했겠습니까? 아담에게 교육을 받았거나 직접 하나님의 지시를 받았기 때문입니다.

가인은 하나님의 요구가 무엇인지 분명히 알면서도 자기 방법대로 곡식을 제물로 바쳤습니다. 구약에는 곡식 제사도 있었으나 곡식 제사는 죄를 용서받는 제사가 아닙니다.

하나님이 원하는 방식을 거부하고 자기 방식대로 하면 하나님은 반드시 책임을 물으십니다. 성막을 완성한 후 하나님이 분향단의 불은 반드시 번제단의 불을 가져다가 드리라고 했는데도 아론의 두 아들은 다른 불로 드려서 죽임을 당했습니다. 하나님이 인간에게 어떤 일을 지시했을 때는 반드시 어떤 의미가 있습니다. 우리는 그 뜻을 헤아릴 수 없더라도 순종해야 합니다.

하나님은 예수님의 피 흘리는 희생으로 인류가 구원을 받는다는 사실을 미리 알려 주시고자 한 것입니다. 가인이 그 의미를 몰랐더라도 하나님의 섭리를 믿고 순종했어야 했는데 자기가 옳은 대로 행했으므로 하나님이 그 제사를 받지 않으셨습니다.

## 18 가인은 누가 자신을 죽인다고 생각했나요?

아벨을 죽인 가인은 하나님께 벌을 받아 땅을 경작해도 소출을 얻지 못하며 땅에서 유랑하는 자가 되었습니다. 가인은 자기를 만나는 자마다 죽이려고 할 것이라며 두려워했습니다. 그러자 하나님은 가인을 죽이는 자는 벌을 칠 배나 받는다면서 가인을 안심시키셨습니다.

가인은 누가 자신을 죽인다고 생각했을까요? 하나님이 아담과 하와 이외에 다른 사람을 창조하셨을까요? 그렇지 않습니다. 인류의 조상은 아담입니다. 아담 이외에 다른 사람이 창조되었다면 그는 아담의 죄를 물려받지 않습니다.

아담은 130세에 셋을 낳았습니다. 셋은 아벨을 대신하여 얻은 아들입니다. 따라서 가인은 130세쯤에 살인을 저질렀습니다. 130년 동안 아담과 하와의 후손들이 가인과 아벨 외에도 많이 태어났을 것입니다. 가인은 이들 중 아벨과 친하거나 아벨을 동정하는 사람 중에 자신을 죽일 사람이 분명히 있다고 생각한 것 같습니다.

하나님이 가인을 죽이지 못하도록 하신 까닭은 살인자를 옹호하기 위해서가 아니라 보복이 반복되는 상황을 막아 가해자와 피해자를 모두 보호하기 위해서입니다. 하나님은 원수 갚는 행위를 싫어하십니다. 그래서 예수님도 원수를 사랑하라고 말씀하셨습니다.

**생각해 보세요**

하나님은 우리가 원수를 어떻게 대하길 원하실까요? (롬12:19)

## 19 노아는 어떻게 모든 동물을 방주에 넣었나요?

노아는 하나님의 명령대로 방주를 만들었습니다. 하나님은 노아에게 모든 정결한 짐승은 암수 일곱씩, 부정한 짐승은 암수 둘씩, 공중의 새는 암수 일곱씩을 데려와 그 씨를 온 지면에 유전하게 하라고 말씀하시고 지금부터 칠 일이 되면 사십 주야 동안 땅에 비를 내려 모든 생물을 지면에서 쓸어버리겠다고 하셨습니다(창7:2-4).

노아는 칠 일 안에 수중 동물을 제외하고 땅과 하늘에 있는 모든 동물을 방주에 넣어야 했습니다. 그것이 가능한가요? 노아가 동물을 직접 잡으러 다녔을까요? 창세기 7장 9절을 보면 동물들이 스스로 노아에게 나와 방주로 들어갔다는 사실을 알 수 있습니다. 하나님께서 동물들에게 방주로 들어가라고 명령하신 것입니다.

아담은 모든 동물의 이름을 직접 지었습니다. 아담이 직접 동물들을 찾아다니면서 이름을 지었을까요? 창세기 2장 19절을 보면 하나님이 모든 동물을 아담에게로 데리고 오셨다는 사실을 알 수 있습니다.

하나님은 7일 동안 방주의 문을 열어두시도록 하여 동물뿐만 아니라 누구나 구원받을 수 있도록 기회를 주셨습니다. 하나님은 또한 이스라엘 백성이 여리고 성을 7일 동안 돌게 하셔서 구원을 얻고자 하는 사람은 성에서 나올 수 있도록 기회를 주셨습니다. 그러나 아무도 나오지 않았습니다.

## 20 노아가 가나안을 저주한 까닭은 무엇인가요?

노아가 손자 가나안을 저주한 까닭은 그가 술에 취한 노아를 상대로 음란 행위를 했기 때문이라고 추정합니다. 대홍수 후 방주에서 나온 노아는 포도원을 만들고 포도 농사를 지었습니다. 그가 포도주를 마시고 취해 자기 장막에서 벌거벗은 채로 있는 모습을 함이 보고 두 형제에게 그 사실을 말했습니다. 셈과 야벳은 뒷걸음질로 들어가 아버지의 벌거벗은 몸을 덮어 드렸습니다.

잠에서 깨어난 노아는 함이 아니라 함의 아들인 가나안을 저주하였습니다. 노아는 왜 함을 저주하지 않고 가나안을 저주했을까요? 함의 여러 아들 중 왜 가나안만 저주했을까요? 함이 자기의 벌거벗은 몸을 보고 비웃었기 때문일까요? 그렇다고 해도 함이 아닌 가나안을 저주했다면 그것은 불합리하지 않나요? 성경에 함이 노아를 비웃었다는 표현은 없습니다. 노아가 자기 장막에서 옷을 벗고 자는 행위는 그렇게 비웃을 만한 행동도 아닙니다.

상황을 종합해 보면, 가나안은 술에 취해 자고 있는 노아를 상대로 남색의 죄를 저질렀고 이를 목격하고 함이 놀라서 형제들에게 사실대로 이야기한 것 같습니다. 노아는 포도주에서 깨어나 작은 아들(손자 가나안을 지칭한 것으로 추정)이 자기에게 행한 일을 알고 저주를 내렸을 것입니다. 실제로 소돔 사람은 가나안의 후손이었으며 그들은 남색을 하여 하나님의 징계를 받아 멸망했습니다.

## 21 인간의 언어가 나누어진 까닭은 무엇인가요?

인간은 창조될 당시 하나의 언어만을 사용했습니다. 모든 인간은 아담의 후손이므로 아담이 에덴동산에서 쫓겨난 후에도 한 언어만을 사용했습니다. 대홍수가 발생했을 때 노아의 가족만 살아남았으므로 이때까지도 한 언어만 사용했습니다. 그렇다면 언제부터 수많은 언어가 생겨났을까요?

대홍수가 발생하고 100년이 지난 B.C.2350년경에 바벨탑 사건이 일어납니다. 메소포타미아 지역에 바벨탑을 세운 주동자는 함의 손자인 니므롯입니다. **니므롯은 바벨탑을 중심으로 사람들이 흩어지지 않도록 하여 자신이 인류를 지배하기를 원했습니다. 그는 홍수가 나도 피할 수 있는 높은 탑을 만들려고 했습니다. 하나님은 사람들이 바벨탑을 건설하지 못하도록 인간의 언어를 여러 개로 나누셨습니다.** 갑자기 의사소통이 어려워지자 결국 바벨탑 건설을 포기했습니다. 이후에 인간은 같은 언어를 사용하는 사람끼리 모여 살게 되었습니다.

하나님은 인간에게 온 세상에 흩어져 생육하고 번성하라고 명령하셨습니다. 하나님의 명령을 어기면 그 대가는 인간이 치릅니다. 하나님의 명령만 잘 지켰다면 현재 인간의 언어는 계속 하나였을 것입니다.

**생각해 보세요**

바벨탑을 세우려고 했던 사람들은 하나님의 어떤 약속을 믿지 않았을까요? (창9:11-17)

## 22 족장 시대는 언제인가요?

히브리인의 조상은 아브라함입니다. 이스라엘은 아브라함의 손자인 야곱의 이름입니다. 이스라엘이 민족을 이루기 전에는 가족 공동체를 이루며 살았습니다. 가족 공동체를 이끌어갔던 사람이 족장입니다. 성경에서 족장 시대는 아브라함 출생부터 요셉의 죽음까지입니다.

아브라함은 B.C.2166년에 메소포타미아의 갈대아 우르에서 태어났습니다. 그는 아버지와 가족을 데리고 하란으로 이주하였고 아버지가 죽자 75세에 하나님의 약속을 믿고 하란을 떠나 가나안으로 이주하였습니다. 그리고 100세에 하나님께서 주시기로 약속한 아들 이삭을 얻었습니다.

이삭은 순종의 삶을 살았습니다. 아버지 아브라함이 자신을 제물로 바치려고 했을 때도 순종했습니다. 이삭은 60세에 에서와 야곱을 낳았는데 야곱을 장자인 에서로 잘못 알고 축복하였습니다.

야곱은 형 에서의 축복을 가로챈 후 하란으로 도피했습니다. 야곱은 외삼촌의 집에서 생활하며 12명의 아들을 얻었는데 그들이 이스라엘의 12지파가 됩니다. 그중에 가장 사랑하는 아들 요셉은 형들의 시기로 이집트에 팔려 갑니다. 그러나 요셉은 이집트의 총리가 되었고 야곱과 그의 가족 70명은 요셉의 도움으로 이집트로 이주하여 큰 민족을 이루기까지 430년 동안 이집트에서 생활하게 됩니다.

## 23 욥이 고난을 받은 까닭은 무엇인가요?

욥이 살았던 시대는 아브라함, 이삭, 야곱이 활동했던 족장 시대입니다(B.C.2000-1800). 욥은 온전하고 정직하며 하나님을 경외하는 사람입니다. 사탄은 그런 욥을 시기하여 하나님께 욥을 시험할 수 있도록 요청하였습니다. 하나님은 욥의 생명만은 건드리지 말라고 하시며 시험을 허락하십니다. 사탄은 욥이 모든 것을 잃으면 하나님을 배신한다고 생각했습니다.

하나님께서 시험을 허락하신 까닭은 고난이든 행복이든 결국 모든 과정은 하나님의 주권에 있다는 사실을 욥이 깨닫도록 하기 위해서입니다.

욥의 세 친구 엘리바스, 빌닷, 소발이 욥을 찾아왔습니다. 그들은 욥을 위로하기는커녕 욥이 죄를 지었으므로 하나님의 징계를 받아 고통을 당하고 있다면서 하나님께 회개하라고 촉구합니다. 그들의 주장이 맞는 것 같으나 사실은 틀렸습니다. 의인도 고난을 받습니다. 그리고 욥은 죄 때문이 아니라 사탄의 시험 때문에 고난을 받았습니다.

욥기를 통해 우리는 고난의 원인보다 고난을 대하는 자세가 중요하다는 사실을 알 수 있습니다. 죄를 지어서 고난을 받든지 아무 이유 없이 고난을 받든지 인간은 하나님께 원망하거나 불평해서는 안 됩니다. 인간은 피조물로서 자신의 한계를 깨닫고 하나님의 절대 주권과 하나님의 섭리를 인정해야 합니다. 그것이 욥기의 주제입니다.

## 24 하나님은 왜 아브라함을 택하셨나요?

하나님께서 아브라함을 택하신 까닭은 그를 통해 모든 민족이 구원받기를 원하셨기 때문입니다. 또한 그가 노아처럼 의로운 사람이기 때문입니다. 의롭다는 말은 도덕적으로 흠이 없다는 뜻이 아니라 하나님의 약속을 믿고 하나님의 명령에 순종한다는 뜻입니다.

하나님의 구원 계획은 일관됩니다. 아담을 만드시고 하나님의 뜻대로 세상을 다스리기를 원하셨습니다. 그러나 아담이 하나님의 명령에 불순종하여 에덴동산에서 쫓겨났으며 인간은 모두 죽을 수밖에 없었습니다. 하나님은 노아를 택하시고 그 후손들이 번성하여 하나님의 뜻대로 세상을 다스리기를 원하셨습니다. 그러나 메소포타미아 지역을 중심으로 우상숭배가 세상으로 퍼졌고 노아의 후손들도 모두 죽을 수밖에 없는 운명이 되었습니다.

하나님은 다시 아브라함을 택하시고 그 후손을 거룩하게 만든 뒤 그들을 통해 모든 민족이 구원받기를 바라셨습니다. 그러나 아브라함의 후손인 이스라엘도 하나님께 불순종하여 징계를 받아 멸망했습니다.

결국 하나님의 아들이신 예수님이 직접 세상에 내려오셔서 희생제물이 되셨고 그를 믿는 사람들은 누구나 구원받을 수 있는 길을 열어주셨습니다.

## 25 하나님이 아브라함에게 약속한 복은 무엇인가요?

**하나님께서 아브라함에게 말씀하신 복은 예수 그리스도를 통해 모든 민족이 구원을 얻는 것입니다.** 하나님은 아브라함에게 너로 큰 민족을 이루게 하고 네게 복을 주어 네 이름을 창대하게 하리니 너는 복이 될 것이며 땅의 모든 족속이 너로 말미암아 복을 받는다고 말씀하셨습니다(창12:2-3).

하나님이 아브라함에게 말씀하신 복은 무엇을 말할까요? 재물을 많이 얻는 것일까요? 건강을 유지하여 장수하는 것일까요? 자손을 많이 낳는 것일까요? 예수님은 재물이나 장수, 자손의 번성 등을 복이라고 말씀하지 않으셨습니다. 그런 것들은 세상 사람들이 생각하고 추구하는 복의 개념입니다. 그리스도인은 세상에 썩어 없어질 것들을 복이라고 생각해서도 안 되며 추구해서도 안 됩니다.

**하나님은 이방인일지라도 예수님을 영접한 사람은 모두 아브라함의 자손이며 그들도 아브라함과 함께 복을 받는다고 말씀하셨습니다**(갈3:7-9). 따라서 하나님이 아브라함에게 약속한 복은 육신적으로 아브라함의 계보를 통해 이 땅에 오신 예수님을 믿는 사람들이 받게 되는 구원을 말합니다.

## 26 아브라함은 어떻게 의인으로 인정받았나요?

아브라함이 하나님께 인정받은 까닭은 하나님을 믿었기 때문입니다. 야고보서 2장 23절에 아브라함이 하나님을 믿으니 하나님이 이것을 의로 여기셨다고 기록되어 있습니다. 그렇다면 아브라함은 하나님의 무엇을 믿었나요? 바로 하나님의 약속입니다. 어떤 약속인가요? 아브라함의 자손이 별처럼 셀 수 없이 많게 되는데 그것은 아들 이삭을 통해서 이루어진다는 약속입니다.

하나님은 아브라함에게 이삭을 제물로 바치라고 명령하셨습니다. 만약 이삭을 제물로 바친다면 하나님의 약속은 성취될 수 없고 하나님의 말씀은 거짓말이 됩니다. 그러나 아브라함은 하나님의 약속을 믿고 이삭을 제물로 바치려고 갔습니다. 아브라함이 이삭을 제물로 바치려고 할 때 무엇을 믿었을까요? 아브라함은 하나님이 이삭을 다시 살려 주실 것이라고 믿었습니다(히11:19). 아브라함은 이삭과 다시 돌아올 것이라고 확신했습니다(창22:5). 하나님은 이 믿음을 의롭게 보셨고 아브라함은 믿음의 조상이 되었습니다.

하나님이 예수님을 다시 살리셨고 예수님을 구주로 영접하면 구원을 받는다는 사실을 믿는다면, 하나님은 우리의 믿음을 보시고 우리를 의롭게 여기십니다.

## 27 하나님이 아브라함을 시험하신 까닭은 무엇인가요?

하나님은 사람을 시험하실까요? 시험하지 않으실까요? 야고보서 1장 13절에서 하나님은 악에게 시험을 받지 않으시고 아무도 시험하지 않으신다고 말씀하십니다. 그런데 창세기 22장 1절을 보면 하나님이 아브라함을 시험하셨다고 했습니다. 어떤 구절이 맞을까요? 결론을 말하자면 하나님은 사람을 시험하시고 평가하십니다. 나중에는 심판도 하십니다.

야고보서에서 하나님이 아무도 시험하지 않는다는 말은 악한 의도로 사람을 미혹에 빠지게 하는 시험은 하지 않으신다는 뜻입니다. 야고보서 1장 14절을 보면 사람이 시험을 당하는 까닭은 자신의 욕심에 끌려 미혹되기 때문이라고 말합니다. 우리는 어려움을 당할 때 하나님께 시험을 받는다고 생각하나 사실은 자신의 탐욕으로 스스로 시험에 빠지는 것입니다.

그렇다면 하나님이 사람을 시험하시는 까닭은 무엇인가요? 야고보서 1장 12절에 시험을 참고 시련을 견디어 내면 주께서 약속하신 생명의 면류관을 받는다고 했습니다. 하나님은 사랑하는 사람을 단련시키려고 시험하십니다. 하나님은 아브라함을 믿음의 사람으로 단련시키려고 시험하셨습니다.

## 28 야곱은 속임수로 축복을 받은 건가요?

이삭이 에서에게 별미를 가져오면 네게 축복하겠다고 말하자 에서는 별미를 만들려고 사냥하러 갔습니다. 두 사람의 대화를 엿들은 리브가는 사랑하는 아들 야곱이 대신 축복을 받도록 그에게 에서의 옷을 입힌 뒤 자신이 만든 별미를 이삭에게 가져가라고 시켰습니다.

야곱은 사실이 들통나면 복은 고사하고 저주를 받을까 두렵다고 했으나 그녀는 네 저주를 내가 받겠다고 하면서 자신에게 순종하라고 강요했습니다. 결국 두 사람은 이삭을 속이고 에서의 축복을 가로챘습니다.

그렇다면 야곱이 하나님께 축복받은 이유가 에서의 축복을 가로챘기 때문인가요? 아닙니다. 리브가가 임신 중일 때 하나님은 그녀에게 두 민족이 네 태에 있으니 큰 자가 어린 자를 섬길 것이라고 말씀하셨습니다(창25:23). **하나님은 야곱이 태어나기 전부터 이미 야곱을 축복하셨습니다.**

**리브가는 하나님께 순종하며 때를 기다렸어야 했는데 그렇게 하지 않았습니다.** 그 결과 야곱은 에서를 피해 도망쳐야 했고 리브가는 야곱을 곧 만날 줄 알았으나(창27:45) 사랑하는 아들을 다시는 보지 못하고 죽고 말았습니다.

## 29 이스라엘 민족만 이집트를 탈출했나요?

이스라엘 민족이 이집트를 탈출할 때 이스라엘 백성들만 탈출했을까요? 아닙니다. 원하는 사람은 누구나 탈출하였습니다. 하나님은 모세와 아론에게 너희와 함께 거류하는 타국인이 여호와의 유월절을 지키고자 하거든 모든 남자는 할례를 받은 후에야 지킬지니 곧 그는 본토인과 같이 될 것이나 할례받지 못한 자는 유월절 음식을 먹지 못한다고 말씀하셨습니다(출12:48).

하나님은 이스라엘 백성이 아니더라도 누구든지 원하면 이스라엘 백성이 될 수 있도록 허락하셨습니다. 그러나 하나님의 백성이라는 증표인 할례를 받아야 한다고 말씀하셨습니다.

**하나님은 구약시대에도 이스라엘 백성만 구원받도록 하지 않으셨습니다. 이스라엘 백성을 택하신 까닭은 그들을 구별하고 복을 주셔서 모든 민족이 하나님을 알고 하나님만 믿기 바라셨기 때문입니다.**

지금 신약시대도 마찬가지입니다. 그리스도인은 특정한 사람만이 되는 것이 아니라 누구나 될 수 있습니다. 구약시대에는 할례를 받아야 이스라엘 백성이 되었으나 신약시대는 예수님을 구주로 영접해야 그리스도인이 될 수 있습니다.

**생각해 보세요**

하나님은 어떤 사람이 구원받기를 원하실까요? (딤전2:4)

## 30 하나님이 바로의 마음을 완악하게 만드셨을까요?

완악하다는 말은 성질이 억세고 고집스럽고 사납다는 뜻입니다. 모세가 바로(파라오)에게 이스라엘 백성을 데리고 이집트에서 나가게 해 달라고 요청하였으나 바로는 거절합니다.

바로는 마음이 완악하여 모세와 아론의 말을 듣지 않았습니다(출7:13). 이 부분은 이해가 되는데 하나님이 바로의 마음을 완악하게 하겠다고 말씀하셨습니다(출7:3). 하나님이 바로의 마음을 완악하게 했으므로 바로가 완악해졌나요? 그렇다면 바로 입장에서는 자기 의지와 무관하게 완악하게 되었으므로 억울한 일이 아닌가요?

하나님은 사람들이 회개하고 구원받을 수 있도록 기회를 주시지만 절대 사람의 마음을 원하시는 방향으로 조종하지 않습니다. 만약 하나님이 사람의 마음을 조종하시는 분이시라면 하나님 뜻대로 살도록 인간을 조종하면 되지 않나요? 무엇 때문에 독생자까지 보내셨을까요?

**하나님이 바로의 마음을 완악하게 하셨다는 말은 바로의 마음을 바꿀 수 있는 능력이 있으나 하지 않으시고 완악한 상태가 되도록 내버려 두셨다는 뜻입니다.** 마음을 조종할 수 있는데도 내버려 두셨으므로 결국 내버려 두신 것도 하나님의 의지라는 말입니다.

**생각해 보세요**

하나님께서 악한 사람을 상실한 마음대로 내버려 두사 합당하지 못한 일을 하도록 하신 까닭은 무엇인가요? (롬1:28)

## 31 하나님은 왜 가나안 족속을 진멸하라고 하셨나요?

하나님은 이스라엘 백성들에게 가나안 땅에 들어가면 그들을 진멸할 것이며 그들과 어떤 언약도 하지 말고 그들을 불쌍히 여기지도 말라고 하셨습니다(신 7:2). 하나님이 너무 무자비하신 것 아닌가요?

**하나님이 왜 가나안 족속을 진멸하라고 하셨을까요? 이스라엘 백성들이 가나안 땅에 들어간 뒤 이방 민족들의 가증한 행위를 본받지 않도록 하기 위해서입니다**(신18:9). 그들은 어떤 가증한 일을 했나요? 그들은 자기 자식을 불로 태워 신에게 바쳤으며, 점치는 행위, 주술, 남색, 수간, 근친상간 등 인간이 할 수 있는 온갖 악행을 저질렀습니다. 그곳엔 의인이 하나도 없었습니다.

하나님은 노아의 가족을 제외하고 모든 사람을 홍수로 죽게 하셨습니다. 또한 롯의 가족을 제외하고 소돔과 고모라 주민을 심판하셨습니다. 하나님은 의인이 하나도 없으며 죄가 극에 달했을 때 진멸하시는 방법을 사용하셨습니다.

인간에게 죽음은 엄청난 일이지만 하나님에게 인간의 죽음은 아담에게 말씀하신 것처럼 단지 흙으로 돌아가는 것입니다.

이스라엘 백성들은 가나안 족속을 진멸하지 못했고 결국 그들을 닮아 우상숭배에 빠져 하나님의 심판을 받고 멸망하고 말았습니다.

## 32 하나님은 왜 모세를 죽이려고 하셨나요?

하나님은 모세에게 이집트로 가서 이스라엘 백성을 구출하라고 명령하셨습니다. 모세는 아내와 두 아들을 데리고 이집트로 가는 길에 숙소에 머물렀는데 이때 하나님께서 갑자기 모세를 죽이려고 하셨습니다(출4:24). 그러자 십보라가 돌칼로 자기 아들의 포피를 베어 모세의 발 앞에 던지며 "당신은 참으로 내게 피 남편이로다."라고 말하니 하나님이 모세를 놓아주셨습니다.

하나님이 갑자기 모세를 죽이려고 하신 까닭은 무엇일까요? 성경을 읽다 보면 자세한 내막 없이 사건만 기록했을 때 이해가 안 되기도 합니다. 십보라가 자기 아들의 포피를 베었다는 말은 할례를 행했다는 뜻입니다. 이스라엘 남자아이는 태어난 지 팔 일째 할례를 행해야 합니다. 만약 할례를 행하지 않으면 하나님과의 언약을 위반하였으므로 백성 중에서 끊어집니다.

모세와 십보라는 자식에게 할례를 행해야 한다는 사실을 잘 알고 있었으면서도 고의로 불순종하였습니다. 그렇다면 모세는 왜 고의로 자식에게 할례를 행하지 않았을까요? 모세는 자기 동족을 괴롭히던 이집트인을 죽였으나 오히려 동족은 모세를 살인자로 간주했습니다. 그래서 더 이상 히브리 민족으로 살고 싶지 않았을 것입니다. 하나님은 언약을 반드시 지키시는 분이시므로 아들에게 할례를 행하지 않은 사람에게 지도자의 역할을 맡길 수도 없으며 그를 백성 중에서 끊어낼 수밖에 없습니다. 하나님은 모세를 바로 죽일 수도 있었으나 그가 회개하도록 기회를 주셨습니다.

## 33 성막과 성전의 차이점은 무엇인가요?

성막은 모세가 시내산에서 하나님께 계시를 받아 만들었으며 성전은 솔로몬이 예루살렘 모리아산에 처음으로 건축했습니다. 성막과 성전 모두 하나님께 제사드리던 곳으로 하나님이 임재하셔서 이스라엘 백성을 만나주시던 장소입니다. 하나님께서 성막과 성전을 만들라고 명령하신 까닭은 이스라엘 백성에게 하나님이 어떤 분이신지, 하나님을 어떻게 만나야 하는지, 어떻게 죄를 용서받아야 하는지, 하나님을 어떻게 섬기고 교제해야 하는지 알려 주시기 위해서입니다.

그렇다면 처음부터 성전을 지으면 될 텐데 왜 성막을 만들었나요? 성막은 영어로 'tent'입니다. 이스라엘 백성이 가나안 땅으로 가기 위해서는 계속 이동해야 하므로 성전을 지을 수 없었습니다. 그래서 설치와 철거가 쉬운 성막을 만들었습니다.

성막은 조립식이고 성전은 고정식입니다. 그래서 건축 재료도 다릅니다. 성막은 광야에서 나는 싯딤나무(아카시아나무)를 주로 사용했으나 성전은 백향목이나 잣나무 같은 튼튼하고 비싼 목재가 사용되었습니다. 성막의 바닥은 사막의 모래였으나 성전 바닥은 잣나무 널판으로 만들었습니다.

**생각해 보세요**

브살렐이 성막의 기구들을 정교하게 만들 수 있었던 까닭은 무엇인가요? (출35:30-33)

## 34 성막 기구들은 무엇을 상징하나요?

구약시대 하나님은 성막을 통해 이스라엘 백성을 만나주셨으나 신약시대는 예수님을 통해서만 만나주십니다. 따라서 구약시대 성막은 예수님의 그림자입니다.

성막의 문은 예수님만이 유일한 길이며 생명이라는 사실을 알려줍니다. 번제단은 예수님이 달리신 십자가를 상징하며 흠 없는 희생물은 죄가 없으신 예수님을 상징합니다. 물두멍은 번제단에서 이미 구원받은 성도의 성화를 상징합니다. 진설병은 예수 그리스도의 몸을 상징합니다. 금촛대에서 발하는 빛은 참 빛이신 예수님을 상징합니다. 금촛대의 기름과 등불은 거듭난 성도 안에 계시며 진리를 알게 하시는 성령님을 상징합니다. 분향단의 향은 성도의 기도를 상징합니다. 언약궤를 덮는 속죄소는 인간의 죄를 대속하신 예수님의 보혈을 상징합니다.

성막의 문은 구원의 출발점입니다. 일단 성막 뜰로 들어와서 예수님을 만나야 합니다. 번제단에서 자신이 죄인이라는 사실을 깨닫고 회개하며 나의 죄를 대신해서 예수님께서 희생하셨다는 사실을 믿어야 합니다. 물두멍에서 정결하게 씻어 세상과 구별되어야 합니다. 진설병상에서 생명의 떡이신 예수님의 말씀을 믿고 순종해야 합니다. 금촛대에서 예수님과 연합하며 성령 충만한 삶을 살아 세상을 비추는 빛이 되어야 합니다. 분향단에서 하나님께 감사드리고 기도로 교제합니다. 그러면 하나님께서 속죄소에서 나의 허물을 덮어주시고 나와 함께 하시므로 온전한 안식과 평안을 누리게 됩니다.

## 35 하나님께서 율법을 주신 까닭은 무엇인가요?

율법이란 말 그대로 법입니다. 하나님이 모세를 통해 이스라엘 백성에게 해야 할 것과 하지 말아야 할 것을 문서로 정해주신 것입니다. 말로 하면 잊어버리거나 왜곡되므로 문서로 주셨습니다.

하나님이 율법을 왜 주셨나요? 당시 이스라엘 백성들은 하나님의 은혜로 이집트를 탈출하기는 했으나 하나님을 아는 지식이 부족했습니다. 한 나라의 국민이라면 그 나라의 법을 지켜야 하듯이 하나님의 백성이라면 당연히 하나님의 법을 지켜야 합니다. **하나님은 시내산에서 자기 백성이라면 이것만은 지켜야 한다면서 율법을 주셨고 백성들은 지키겠다고 약속했습니다.** 하나님이 억지로 강요하지 않으셨습니다.

**하나님은 이스라엘 백성을 속박하려고 율법을 주시지 않았습니다. 율법을 통해 죄가 무엇인지 깨닫게 하셔서(롬3:20) 죄를 짓지 않고 구별된 삶을 살기를 바라셨습니다.** 율법은 이스라엘 백성을 다른 민족과 구별되게 하며 율법을 잘 지켜서 번영하는 이스라엘을 보고 다른 민족도 하나님을 믿고 하나님의 법을 따르기를 바라셨습니다.

하나님의 뜻과는 달리 이스라엘은 율법을 잘 지키지 않았으며 종교 지도자들은 율법을 백성을 억압하고 자기 권위를 세우는 데 활용했습니다. 그래서 예수님이 친히 오셔서 율법의 참 의미는 형식이 아니라 하나님을 사랑하고 이웃을 사랑하는 것이라고 가르쳐 주셨습니다.

## 36 복과 저주는 자손에게 유전되나요?

하나님을 미워하는 자에게는 죄는 삼사 대까지 이르지만, 하나님을 사랑하고 계명을 지키는 자는 천 대까지 은혜를 베푼다고 하였습니다(출20:5-6). 이 말은 내가 하나님을 잘 믿으면 자손이 복을 받고 잘 믿지 않으면 자손이 저주를 받는다는 뜻일까요?

하나님은 누구나 (남의 죄악이 아닌) 자기 죄악으로 죽는다고 말씀하셨습니다(렘31:30). 부모가 예수님을 믿더라도 자식이 믿지 않으면 부모만 구원을 받습니다. 부모가 예수님을 믿지 않더라도 자식이 믿으면 자식은 구원을 받습니다. 그렇다면 출애굽기 20장 말씀은 무슨 뜻인가요? 출애굽기 20장은 이스라엘 전체에 해당하는 말씀입니다.

이스라엘이 하나님께 순종하면 하나님은 이스라엘을 지켜주시며 계속 평안을 주시지만 불순종하면 이방인의 침입을 받고 고통을 당하게 된다는 사실을 알려주신 말씀입니다. 이스라엘 전체가 받는 일반적인 복과 저주를 말씀하신 것입니다. 하지만 이스라엘이 불순종할지라도 다니엘이나 에스겔처럼 하나님께 순종하는 사람에게는 복을 주십니다. 반면에 이스라엘이 하나님께 순종할지라도 아간처럼 불순종하는 사람에게는 저주를 내리십니다.

**생각해 보세요**

아버지는 악을 행하고 아들은 선을 행할 경우 아들은 어떻게 될까요? (겔18:18-20)

## 37 하나님이 부정적인 계명을 주신 까닭은 무엇인가요?

율법은 하나님이 자기 백성에게 지키라고 주신 규범입니다. 성경에 기록된 율법은 모두 613개인데 이 가운데 '하라'는 긍정적인 계명이 248개이고, '하지 말라'는 부정적인 계명이 365개입니다. 예를 들면 '네 부모를 공경하라'는 긍정적인 계명이고, '살인하지 말라'는 부정적인 계명입니다.

그렇다면 왜 부정적인 계명이 더 많을까요? 하나님이 자기 백성의 자유를 제한하려고 부정적인 계명을 주셨을까요? 부모가 어린 자녀에게 어떤 일들을 금하는 까닭은 무엇인가요? 자녀를 위험으로부터 안전하게 보호하기 위해서입니다. 살인은 다른 사람을 죽이기도 하지만 나를 죽이기도 합니다. 살인을 하면 내 삶뿐만 아니라 내 주변에 있는 사람의 삶도 망가뜨리기 때문입니다. 간음도 마찬가지입니다. 간음은 다른 가정을 파괴하기도 하지만 나와 내 가정도 파괴합니다.

**하나님이 나에게 '하지 말라'는 부정적인 계명을 주신 까닭은 나와 이웃을 모두 보호하여 행복하고 평안한 삶을 누리게 하기 위해서입니다. 결국 나를 향한 하나님 사랑입니다.**

## 38 하나님은 왜 형상을 만들지 말라고 하셨나요?

인간이 믿는 종교는 다양하지만, 눈에 보이는 형상을 만들어 신과 소통하려는 심리는 비슷합니다. 하나님은 영이시므로 우리는 성령으로 거듭난 영으로 하나님과 소통할 수 있습니다. 이스라엘 백성들은 무지하여 금송아지를 만들어 하나님과 소통하려고 했습니다. 하나님은 형상 속에 갇혀 계시는 분이 아니라 어느 곳에나 계신 전능하신 분입니다. 그래서 하나님은 자신을 형상으로 만들어 섬기지 말라고 경고하셨습니다.

로마가톨릭은 성인상, 마리아상, 성체 등을 만들어 예배 장소에 놓습니다. 하나님은 구약시대 성막 기구의 모양과 치수까지 직접 정해주셨고 한 치의 오차도 없이 그대로 만들도록 하셨습니다. 하지만 이 시대에 하나님이 성인상, 마리아상, 성체 등을 만들라고 하셨나요? 만약 하나님이 지시하지 않은 어떤 형상이라도 만들면 하나님께서 용납하지 않으십니다.

하나님께는 오직 영과 진리로 예배를 드려야 합니다. 하나님을 기억하고 하나님과 소통한다는 구실로 어떤 형상이든지 만들면 안 됩니다.

## 39 하나님이 동해복수법을 정하신 까닭은 무엇인가요?

어떤 손해가 발생하면 눈은 눈으로 이는 이로 갚으라는 율법이 있습니다(출 21:23-25). 이를 동해복수법이라고 합니다. 어떻게 보면 사랑의 하나님과 어울리지 않는 법 같습니다. 그러나 이 법은 가해자에게 지나친 복수를 하지 못하도록 만든 법입니다. 또한 서로 보복하는 일이 발생할 때 재판의 근거로 삼으라고 주셨습니다. 반드시 똑같이 보복하라고 권장하는 법이 절대 아닙니다.

예수님은 악에게 맞서지 말고 누구든지 네 오른뺨을 치거든 그에게 다른 뺨도 돌려대라고 가르치셨습니다(마5:38-39). 여기서 악은 나에게 손해를 입히는 경우나 입힌 사람을 말합니다. 악에게 맞서지 말라는 말은 내가 피해를 당했을 때 그대로 갚으려고 하지 말고 관용을 베풀어 주라는 뜻입니다. 뺨을 때리면 계속 맞으라는 뜻이 아닙니다.

내가 다른 사람에게 피해를 주었을 때 피해자가 배상을 안 해도 된다고 말한다면 얼마나 감사한 일입니까? 동해복수법이 필요가 없겠죠. 그러나 내가 예상한 것보다 더 많은 배상을 요구한다면 다툼이 일어나겠지요. 그때는 동해복수법을 적용해야겠죠.

예수님은 우리에게 하늘나라를 소망한다면 이 땅에서 비록 피해를 보더라도 사랑으로써 덮어주라고 말씀하신 것입니다. 그것이 동해복수법의 참된 뜻이기 때문입니다.

## 40 하나님이 음식을 가려서 먹도록 하신 까닭은 무엇인가요?

하나님은 짐승이나 어류, 조류, 곤충 중에 정결한 것과 부정한 것, 먹을 수 있는 것과 먹을 수 없는 것을 정해주셨습니다. 부정한 것을 먹지도 말고 만지지도 말라고 하셨고 불결한 생물의 사체를 만졌으면 옷까지 빨라고 말씀하셨습니다(레11:28).

하나님은 왜 그렇게 엄격하게 음식 규례를 정하셨을까요? 하나님은 내가 거룩하니 너희도 몸을 구별하여 거룩하게 하라고 말씀하셨습니다(레11:44). 거룩이란 무슨 뜻인가요? 구별된다는 뜻입니다. 하나님은 이스라엘 백성이 음식을 가려 먹으면서 아무것이나 먹고 마시는 이방 민족과 가까워지지 않고 구별되게 살기를 바라셨습니다.

그렇다면 구약시대 음식 규례를 이 시대에 어떻게 적용해야 할까요?
음식도 하나님이 창조하셨으며 하나님이 창조하신 것은 선하므로 감사한 마음으로 받아도 된다고 하였습니다(딤전4:3). 하나님이 음식 규례를 주신 본래의 뜻이 우리를 거룩하게 하기 위해서라는 사실을 깨닫고 구별되게 살려고 노력한다면 음식은 더 이상 문제가 안 됩니다. 음식은 구원과는 무관하기 때문입니다.

그러나 하나님이 부정하다고 정하신 음식이 마음에 거리낌이 된다면 먹지 않아도 됩니다. 또한 부정한 음식을 먹지 않겠다는 형제를 정죄해서도 안 되며 형제가 음식으로 실족하지 않도록 배려해야 합니다.

## 41 하나님은 왜 산모를 부정하다고 하셨나요?

레위기 12장에 산모 정결 규례가 나옵니다. 하나님은 여인이 아들을 낳으면 7일 동안 부정하며(딸은 14일) 7일 후에 또 33일이 지나야(딸은 66일) 산혈 즉 산모가 아이를 낳을 때 흘리는 피가 깨끗해진다고 말씀하셨습니다.

하나님은 왜 산모를 부정하게 보셨을까요? 그리고 깨끗하게 되는 기간은 어떤 의미가 있을까요? 부정하다는 말은 깨끗하지 못하다는 뜻입니다. 산모가 출산할 때 피와 분비물이 나와 위생상 불결합니다. 또한 출산 직후는 산모의 면역력이 떨어진 상태라 세균에 감염될 가능성이 큽니다. 따라서 산모 정결 규례는 다른 사람이 산모에게 접근하지 못하도록 하여 산모를 보호하려고 만든 규례입니다.

그렇다면 산모가 깨끗하게 되는 기간은 어떻게 정하신 것일까요? 우리를 만드신 분은 누구이신가요? 하나님이십니다. 하나님이 우리 몸을 정확히 아십니다. 하나님은 산모가 깨끗해지려면 그 정도의 기간이 필요하다는 것을 아십니다. 남아와 여아의 차이도 잘 아십니다.

율법에는 하나님의 사랑이 들어 있습니다. 율법에 하나님의 사랑을 자세히 표현하지 못해서 하나님이 사람을 억압한다고 오해할 뿐입니다. 그래서 예수님이 오셔서 율법의 참 의미가 사랑이라는 사실을 알려 주셨습니다.

## 42 도피성을 만든 까닭은 무엇인가요?

하나님은 사람을 죽인 사람은 반드시 죽이라고 하셨습니다. 그러나 과실로 사람을 죽인 경우는 바로 죽이지 못하도록 도피성 제도를 두셨습니다. 도피성은 과실로 사람을 죽였거나 누명을 쓴 사람이 결백을 증명할 때까지 피신하도록 만든 장소입니다. 살인자에게 해명할 기회도 주지 않고 곧바로 보복을 가하지 못하도록 하기 위한 제도이지요.

살인자는 반드시 도피성으로 스스로 피해야 했는데, 피하는 도중에 보복을 당하거나 도피성 밖으로 나왔다가 피해자의 가족에게 피살될 수도 있습니다. 도피성에 들어갔다고 해서 무조건 살 수 있는 것은 아닙니다. 고의로 사람을 죽였다는 사실이 밝혀지면 도피성에 있더라도 끌어내어 죽여야 합니다(출 21:12-14). 살인 도구가 발견되거나 계획적인 살인을 한 사실이 밝혀지면 구제받을 수 없습니다.

과실로 사람을 죽였다고 판명되면 도피성에서 생활할 수 있는 물품을 공급받을 수 있으나 도피성에서 바로 나올 수는 없습니다. 어쨌든 사람을 죽였기 때문입니다. 그 사람은 대제사장이 죽어야 사면을 받을 수 있고 자기 땅으로 돌아갈 수 있습니다(민35:25-28). 대제사장은 누구를 상징할까요? 바로 예수 그리스도입니다. 대제사장이신 예수 그리스도께서 우리를 대신하여 죽으셨으므로 죄인인 우리가 사면을 받을 수 있습니다.

## 43 장자에게 더 많은 상속을 한 까닭은 무엇인가요?

야곱은 아버지 이삭을 속이고 맏아들 에서가 받아야 할 장자의 축복을 가로챘습니다. 율법에 장자는 다른 아들보다 두 배나 더 많은 유산을 상속받았습니다. 자기가 가장 사랑하는 아내의 아들일지라도 그가 장자가 아니라면 장자의 권리를 그에게 줄 수 없습니다(신21:15). 이렇듯 장자의 권리는 반드시 지켜야 하는데 야곱의 장자 르우벤처럼 부도덕한 행실로 아버지를 욕보인 경우에는 장자의 권리를 박탈할 수 있습니다.

그렇다면 왜 장자에게 더 많은 유산을 상속했을까요? **장자는 가정을 대표하는 가장의 권위를 계승할 뿐 아니라 하나님의 언약을 후손에게 전수하는 신앙의 계승자 역할을 하기 때문입니다.** 그래서 다른 형제들보다 두 배의 몫을 상속받았습니다.

하나님은 여러 민족 중에 이스라엘을 장자로 삼으셨다고 말씀하셨습니다(출4:22). **하나님은 처음부터 이스라엘만 구원하려고 하신 것이 아니라 이스라엘을 장자로 삼아서 복을 받게 하시고 다른 민족이 그 모습을 보면서 하나님께 영광 돌리기를 바라셨습니다.** 하지만 이스라엘은 하나님의 뜻을 제대로 알지 못하고 자신들만이 선택받은 민족이라고 여겨 교만하다가 결국 하나님의 징계를 받았습니다.

## 44 하나님이 노예제도를 인정하셨나요?

성경에는 종(從)과 관련된 율법이 나옵니다. 그렇다면 하나님은 노예제도를 인정하셨나요? 성경에서 언급된 종은 우리가 흔히 생각하는 노예와 다릅니다. 과거 제국주의 시절에 원주민을 납치하여 노예로 판 경우가 있었습니다. 그러나 그것은 인신매매입니다. 하나님은 인신매매를 극도로 싫어하십니다. 하나님은 사람을 납치한 사람은 반드시 죽이라고 명령하셨습니다(출21:16).

그렇다면 성경에 나오는 종은 어떤 사람인가요? **이스라엘 공동체 안에서 노예가 되는 경우는 가난하여 빚을 갚을 능력이 없는 경우**(레25:39)**와 남의 물건을 훔친 뒤 배상할 능력이 없는 경우입니다**(출22:3). 채무자가 돈을 갚지 못하면 채권자는 손해를 봅니다. 또한 남의 물건을 훔친 뒤 처분해 버리면 피해자는 어디서 손해를 보상받습니까? 따라서 **채권자의 손해를 보상해 주려고 돈을 갚지 못한다면 채권자의 집에서 종으로 일을 해서라도 빚을 갚으라는 것입니다.**

그러나 하나님은 채무자가 어려운 상황으로 돈을 갚지 못해 종이 되는 경우가 있을 수 있으니 비록 돈을 갚지 못해 종이 되었더라도 종이 된 지 7년째에는 풀어주라고 하셨습니다. 빚의 액수와 상관없이 6년 동안의 노동의 대가를 종의 몸값으로 보았기 때문입니다. 또한 종이 새 생활을 시작할 수 있도록 빈손으로 보내지 말고 양과 곡식과 포도주를 후히 주어 보내 주라고 하셨습니다(신15:12-14). 이렇듯 하나님은 채권자와 채무자 모두를 배려해 주신 공의의 하나님이십니다.

## 45 안식년과 희년을 정하신 까닭은 무엇인가요?

하나님은 이스라엘 백성들에게 안식년과 희년을 지키라고 하셨습니다. 안식년은 7년 주기로 돌아옵니다. 안식년에는 땅이 쉬도록 해야 합니다. 씨를 뿌려서도 안 되고 저절로 생겨난 곡물과 열매도 거두면 안 됩니다. 그것을 가난한 사람과 소외된 사람 그리고 짐승들이 먹도록 하셨습니다(레25:1-7).

**하나님은 왜 안식년을 정하셨나요? 물질에 대한 탐욕을 버리고 가난하고 소외된 사람을 생각하며 자비를 베풀라는 뜻입니다.** 일 년 동안 농사를 짓지 않아도 하나님께서 먹여 주시는 모습을 보면서 먹고 사는 문제에 집착하지 말고 하나님만 의지하라는 뜻입니다.

희년은 50년 주기로 돌아옵니다. 희년에는 땅이 원소유자에게 돌아가고 모든 땅은 경작을 멈춥니다. 종이 되었던 사람은 자유를 찾고 죄수들은 풀려나며 빚진 자들은 부채를 탕감받습니다.

**하나님은 왜 희년을 정하셨나요? 모든 땅의 주인은 하나님이며 인간은 단지 소작농에 불과하다는 사실을 깨닫게 하기 위해서입니다.** 땅을 원소유자에게 돌려주어 빈부의 차이를 줄이고, 처음 가나안 땅을 분배받은 상태로 되돌려 모든 지파의 균형을 맞추기 위해서입니다.

특히 희년에는 구속 사역의 비밀이 숨겨져 있는데 희년에 모든 종이 풀려나듯이 예수 그리스도의 희생으로 모든 인간이 죄와 사망으로부터 해방과 구원의 기쁨을 누리게 된다는 사실을 알려 줍니다.

## 46 구약시대 십일조는 어떤 용도로 사용되었나요?

이스라엘이 가나안 땅을 정복한 후에 그 땅을 각 지파가 분배받았습니다. 하지만 레위 지파는 땅을 분배받지 못했습니다. 거주할 수 있는 48개의 성읍만 받았습니다. 레위인은 땅이 없으니 당연히 소출도 없었습니다.

그렇다면 레위 지파는 왜 땅을 분배받지 못했나요? 하나님은 그들에게 성막에서 봉사하는 일을 맡기셨습니다. 그들은 성막 기구를 살피며 제사를 주관하고 보조하는 역할을 했습니다. 또한 율법을 모르는 백성들에게 율법을 가르쳤습니다. 레위 지파가 생계를 위해 일을 한다면 하나님이 지시하신 일을 할 여력이 없었을 것입니다. **하나님께서는 레위인들이 하나님이 지시하신 일에 집중하도록 나머지 열한 지파가 십 분의 일씩 분담하여 레위인의 생계를 책임지도록 하셨습니다.**

레위인을 위한 십일조를 제하고 남은 것(총 수입의 90%)에서 다시 십일조를 드렸는데, 이 십일조는 하나님께 감사예물로 드리고 가난한 사람들을 구제하는 데도 사용했습니다. 이렇게 **구약시대 십일조는 레위인의 생계를 위해서, 하나님께 감사예물로, 이스라엘 백성 가운데 가난한 사람을 구제하기 위해서 사용하였습니다.**

**생각해 보세요**

지금 시대에도 십일조를 드려야 하나요?

## 47 미리암은 왜 하나님의 징계를 받았나요?

모세의 동생 미리암이 하나님의 징계를 받아 문둥병에 걸린 까닭은 하나님께서 부여하신 모세의 권위를 부정하고 권력을 취하려고 까닭없이 모세를 비방했기 때문입니다.

미리암은 모세가 구스(에디오피아) 여인을 아내로 삼은 행동을 비방했습니다(민 12:1). 그러면서 엉뚱하게 하나님이 모세뿐만 아니라 우리(미리암, 아론)와도 말씀하셨다고 주장합니다. 결국 자기와 모세는 동급이라는 말이지요. 모세에게 반역한 고라와 같은 생각이었습니다.

사실 모세가 아내로 삼았다는 구스 여자는 다름 아닌 십보라입니다. 모세는 이집트에서 도망친 후 미디안 제사장의 딸 십보라와 결혼했습니다. 그리고 하나님으로부터 이스라엘을 구원하라는 명령을 받고 혼자 이집트로 돌아와 이스라엘을 탈출시켰습니다. 이스라엘이 시내산에 도착할 즈음 모세의 장인이 십보라와 모세의 두 아들을 데리고 모세에게 왔는데(출18:2), 나중에 장인만 고향으로 돌아갔습니다(출18:27). 결국 십보라는 계속 모세와 살았습니다. 하박국 3장 7절을 보면 구스(구산의 장막)가 미디안 땅에 속한 지명이라는 사실을 알 수 있습니다.

모세와 십보라의 결혼은 정상적인 결혼으로 비판의 대상이 아닙니다. 미리암은 십보라를 빌미로 모세의 권위에 도전하며 권력을 나눠 달라고 요구하였습니다. 그래서 하나님께 징계를 받았습니다.

## 48 이스라엘은 왜 40년 동안 광야에서 방황했나요?

하나님은 모세에게 각 지파 가운데 지휘관 한 사람씩 선택하여 가나안 땅을 정탐하도록 하셨습니다(민13:1). 하지만 그것은 하나님의 뜻이 아니었습니다. 백성들이 먼저 사람을 가나안 땅에 보내 그 땅을 정탐하게 하여 우리가 어느 길로 올라가야 할지, 어느 성읍으로 들어가야 할지 미리 파악하자고 요구했기 때문에(신1:22) 하나님이 허락하신 것입니다.

12명이 정탐을 끝내고 돌아왔는데 10명의 정탐꾼은 가나안 땅에 사는 사람들이 키가 크고 강하여 절대 정복할 수 없다고 보고했습니다. 여호수아와 갈렙만 하나님이 우리를 그 땅으로 인도해 주신다고 말씀하셨으니 그 약속을 믿고 두려워하지 말자고 했습니다. 화가 난 백성들은 자신들을 이곳까지 인도한 모세와 아론을 원망하였으며 여호수아와 갈렙을 죽이려고까지 하였습니다.

하나님은 정탐꾼들이 정탐한 날 수 40일을 40년으로 환산하여 백성들이 광야에서 방황할 것이며 20세 이상은 가나안 땅에 들어가지 못하고 그 전에 모두 죽는다고 말씀하셨습니다. 오직 여호수아와 갈렙만 가나안 땅에 들어가도록 허락하셨습니다. 이스라엘 백성은 하나님께 벌을 받아 37년 6개월 동안 가데스바네아 근처에서 유랑했습니다.

## 49 모세와 아론은 왜 가나안 땅에 들어가지 못했나요?

이스라엘 백성은 이집트를 탈출한 뒤 시내산에 도착하기 전에 르비딤에 천막을 쳤으나 마실 물이 없었습니다. 백성들이 원망하자 하나님이 모세에게 지팡이로 반석을 치라고 명령하셨고 모세가 그대로 하자 물이 나왔습니다(출 17:1-7).

가데스바네아에 물이 없어서 백성들이 또 모세와 다투었습니다. 하나님은 모세에게 반석에게 명령하여 물을 내라고 하셨습니다. 그러나 모세는 하나님의 말씀대로 하지 않고 반석을 두 번 쳤습니다. 하나님은 모세가 가나안 땅에 들어가지 못한다고 말씀하셨습니다(민20:1-12).

반석을 치든지 명령하든지 물만 내면 될 것 같은데 왜 그것이 중한 범죄인가요? 하나님의 명령에는 인간의 지혜로는 알 수 없는 심오한 뜻이 있습니다. 그래서 인간은 무조건 하나님께 순종해야 합니다.

**반석은 예수님을 말합니다(고전10:4). 처음에 반석을 치라는 것은 예수님이 고난을 받고 십자가에서 죽는다는 것을 의미합니다. 두 번째 반석에게 명령하라는 것은 예수님을 구주로 고백하고 영원한 생명의 말씀을 마셔야 한다는 것을 의미합니다. 십자가 대속은 한 번으로 완성되기 때문에 두 번째는 절대 반석을 쳐서는 안 됩니다.**

반석에서 물을 내시는 분은 예수님이신데 모세는 자기가 물을 낸다고 말했습니다(민20:10). 모세는 하나님께 불순종하였고 하나님의 거룩함을 드러내지 않아서 징계를 받은 것입니다.

## 50 하나님은 왜 발람에게 화를 내셨나요?

모압 왕 발락은 이스라엘 백성들이 가나안 땅을 정복하려고 모압 평지에 진을 치자 몹시 두려워하였습니다. 그래서 발람을 데려와서 이스라엘을 저주하게 하려고 그에게 사람을 보냈습니다.

하나님은 발람에게 그들과 함께 가지 말며 이스라엘 백성은 복을 받은 자들이므로 저주하지도 말라고 명령하셨습니다. 발람이 하나님의 명령대로 사람들을 돌려보내자 모압 왕은 다시 사람을 보냈습니다. 발람은 재물에 탐이 나서 그 사람들을 따라가고 싶었습니다. 하나님은 발람에게 그들과 함께 가되 내가 알려주는 말만 하라고 말씀하셨습니다. 발람이 그들을 따라가자 하나님이 진노하셨고, 천사가 그를 막았습니다(민22:22).

발람이 가도록 허락하셨으면서 하나님은 왜 진노하셨을까요? 하나님은 처음부터 발람에게 그들과 함께 가지 말라고 분명히 말씀하셨고 발람은 그 말을 이해했습니다. 그런데 왜 자꾸 하나님께 물어보나요? **발람이 다시 물어본 자체가 불순종입니다. 하나님이 가지 말라고 하셨을지라도 나는 가야겠다는 뜻입니다. 하나님이 가도록 허락하신 것이 아니라 발람이 자기 뜻대로 하도록 내버려 두신 것입니다.**

**생각해 보세요**

발람이 모압왕이 보낸 사람을 따라간 진짜 의도는 무엇일까요? (민31:16)

## 51 가나안 땅에 들어가기 전에 할례를 한 까닭은 무엇인가요?

하나님은 가나안 땅에 들어가기 직전에 이스라엘 백성에게 할례를 하라고 명령하셨습니다. 광야에서 40년 동안 할례를 행하지 않았기 때문입니다. 광야에서는 할례를 행하지 않았는데 왜 가나안 땅에 들어가기 직전에 할례를 행하라고 하셨을까요?

이스라엘 백성의 남자아이는 태어난 지 팔 일째 생식기 포피를 잘라내는 할례를 받아야만 했습니다. 할례는 하나님의 백성이라는 증표이기 때문입니다. 다른 방법도 있는데 왜 할례를 받으라고 하셨을까요? 정확히는 알 수 없으나 할례는 고대 결혼할 때 풍습이었습니다. 하나님이 이스라엘과 결혼하셨다는 의미가 담겨 있다고 볼 수 있습니다.

광야에서는 왜 할례를 하지 않았을까요? 물론 자주 이동해야 하는 상황 때문일 수도 있겠으나 이스라엘 백성은 광야에서 다른 민족과 완전히 구별되어 살았습니다. 그리고 매일 하나님이 주시는 만나를 먹고 생활했습니다. 할례를 받지 않아도 하나님의 백성이라는 사실을 절대 잊을 수가 없었습니다. 그러나 가나안 땅에 들어가면 만나가 그치고 그들은 여러 민족과 교류하면서 살게 됩니다. 그러면 하나님의 백성이라는 사실을 잊게 되겠지요. 그래서 할례가 필요합니다.

지금 그리스도인도 할례를 받아야 하나요? 받을 필요가 없습니다. 왜죠? 그리스도인은 하나님의 백성이라는 사실을 절대 잊지 않으므로 이미 마음에 할례를 한 것입니다. 증표는 필요가 없습니다. 하나님은 구약시대에도 할례는 마음에 하라고 말씀하셨습니다(렘9:26).

## 52 사사 시대에 왕이 없었던 까닭은 무엇인가요?

이스라엘이 가나안에 정착한 후 다른 나라처럼 왕을 세우지 않은 까닭은 무엇일까요? 왜냐하면 하나님이 그들의 진정하고 유일한 왕이셨으므로 인간을 왕으로 세울 필요가 없었습니다. 전능하신 하나님이 친히 왕이 되어 주셨는데 굳이 불완전한 인간을 왕으로 세울 필요가 없었죠. 이스라엘이 침략을 받으면 하나님은 대리자인 사사를 세우셔서 그들에게 성령을 부어주시고 이스라엘을 지켜주셨습니다. 이렇듯 이스라엘은 하나님이 직접 통치하시는 신정국가이었습니다.

기도온이 단 300명의 군사만으로 미디안 족속을 무찌르자 백성들은 그에게 지도자가 되어 달라고 요청했습니다. 그러나 기도온은 그 제안을 거절하며 나뿐만 아니라 내 아들도 지도자가 되지 않을 것이며 오직 하나님만이 너희를 다스린다고 말하였습니다. 기드온은 하나님만이 유일한 왕이라는 사실을 인정하였지요. 그러나 그의 아들 아비멜렉은 자기 형제 70명을 몰살하면서까지 왕이 되려고 하다가 한 여인이 던진 맷돌에 두개골이 깨져 죽고 말았습니다.

**생각해 보세요**

하나님께서 이스라엘의 왕이셨다면 다른 민족이 이스라엘을 침략하지 못하도록 처음부터 막지 않으신 까닭은 무엇인가요?

## 53 이스라엘 백성은 왜 왕을 원했나요?

이스라엘이 가나안 땅을 정복한 뒤 전능하신 하나님께서 친히 이스라엘의 왕이 되셨으나 백성들은 하나님의 주권을 인정하지 않고 계속해서 왕을 요구하였습니다. **그들은 다른 민족의 침략이 그들의 죄악 때문이라는 사실을 깨닫지 못하고 다른 민족처럼 왕이 없기 때문에 침략을 받는다고 착각했습니다.**

백성들은 기드온이나 입다 같은 사사가 싸움에서 승리했을 때 왕이 되어 달라고 요구했습니다. 그러한 태도는 하나님이 승리하게 해 주셨다는 사실을 인정하지 않은 것입니다. 사무엘이 자기 아들들을 사사로 앉히려 하자 백성들은 사무엘 아들들의 도덕성을 문제 삼아 또 왕을 요구하였습니다.

지금 우리가 볼 때 이스라엘 백성들의 행동이 이해가 안 되지요? 하지만 우리도 전능하신 하나님 대신 재물과 권력을 더 의지하지 않나요? 사사기를 읽으면서 우리의 신앙을 돌아봐야 합니다.

**생각해 보세요**

이스라엘 백성들은 왕이 자기들을 위해 무엇을 해 주기를 바랐을까요?
(삼상 8:19-20)

## 54 하나님은 왜 왕을 세우도록 허락하셨나요?

이스라엘 백성들은 사무엘이 귀찮을 정도로 왕을 요구하였습니다. 하나님은 왕이 세워지면 삶이 더 힘들어진다고 경고하셨습니다(삼하 8:10-17). 그리고 백성들이 왕 때문에 고통받아 하나님께 부르짖더라도 하나님이 응답하지 않으시겠다고까지 말씀하셨습니다(삼하8:18). 하나님께서 그렇게까지 경고하였으나 백성들은 왕이 있어야 한다고 목소리를 높였습니다. 결국 하나님은 왕을 세우라고 허락하셨습니다.

그 결과 백성들은 행복했나요? 하나님 말씀대로 왕을 위해 일하며 힘든 생활을 했습니다. 그렇다고 왕이 자기들을 지켜주고 공의롭게 재판했나요? 결국 이스라엘은 다른 민족에 멸망하고 포로로 끌려갔습니다.

여러분은 끈질기게 기도하면 하나님이 들어주신다고 생각하나요? 설사 하나님이 들어주시더라도 그 응답이 여러분을 행복하게 할까요? 하나님께 순종하며 하나님의 뜻에 맞게 구해야 합니다. 그래야 하나님이 주시는 평안을 누릴 수 있습니다.

**생각해 보세요**

이스라엘 백성들은 누가 자기들을 통치하는 것을 원하지 않았을까요? (삼상 8:7-8)

## 55 입다는 왜 자신의 딸을 제물로 바쳤나요?

사사 입다는 하나님께 암몬과 싸워 승리한다면, 나를 맞으러 오는 것이 무엇이든지 번제 헌물로 드리겠다고 약속했습니다. 입다가 그런 서원을 한 까닭은 무엇인가요? 그는 외동딸이 자기를 맞으러 올 줄은 꿈에도 생각하지 못했습니다. 짐승이 자신을 맞으러 나올 줄 알았습니다. 입다는 어쩔 수 없이 남자를 알지 못하는 하나밖에 없는 귀한 딸을 제물로 바쳐야 했습니다.

과연 입다의 서원은 바람직한가요? 우리는 사정이 다급하면 하나님께 간구하면서 "만약 하나님이 제 기도를 들어주시면 제가 앞으로 어떻게 하겠습니다."라고 쉽게 약속합니다. 그 약속은 하나님이 기뻐하시는 약속인가요? 하나님은 입다가 자기 딸을 제물로 바치기를 원하셨을까요? 하나님이 여러분에게 기도를 들어주기 위한 조건을 제시하셨나요? 여러분은 하나님과 한 약속을 모두 지킬 수 있나요? 만약 그럴 수 없다면 여러분은 거짓 맹세로 하나님을 속인 것입니다.

예수님은 하나님께 어떤 맹세도 하지 말라고 말씀하셨습니다. 하나님께 조건을 내걸고 기도하지 마십시오. 하나님이 우리 기도를 들어주시면 하나님께 감사하면 됩니다.

**생각해 보세요**

입다가 율법을 어기지 않으면서 자기 딸을 제물로 바치지 않아도 되는 방법은 무엇일까요? (레5:4-10)

## 56 삼손의 힘은 어디에서 나왔나요?

삼손은 어디에서 그런 강한 힘이 나왔을까요? 머리카락에서 나온 걸까요? 그래서 삼손은 머리카락이 잘리자 힘을 잃어버렸나요? 삼손의 힘은 머리카락이 아닌 성령님의 능력에서 나왔습니다.

사사기 14장 19절을 보면 여호와의 영 즉 성령님이 삼손에게 임하시자 삼손이 블레셋 사람들을 죽이는 장면이 나옵니다. 사사기 14장 5절에서도 여호와의 영이 삼손에게 임하여 사자를 염소 새끼 찢듯이 찢었다고 했습니다. 반면에 사사기 16장 20절을 보면 들릴라가 삼손의 머리를 깎자 성령님이 삼손에게서 떠났으므로 삼손이 힘을 잃었다는 사실을 알 수 있습니다.

그렇다면 성령님은 왜 삼손에게서 떠나셨나요? 삼손은 태어나면서부터 나실인으로 구별되었습니다. 천사가 삼손의 어머니에게 나타나 삼손의 머리를 깎지 말라는 하나님의 명령을 전했습니다(삿13:5). 삼손이 힘을 잃은 까닭은 머리를 깎지 말라는 하나님의 명령에 불순종했기 때문입니다. 힘이 머리카락에서 나온 것이 아닙니다.

**생각해 보세요**

삼손이 다시 힘이 생겨 다곤 신에게 제사하려고 모인 사람들을 죽일 수 있었던 까닭은 무엇인가요? (삿16:28)

## 57 룻이 보아스와 결혼한 까닭은 무엇인가요?

룻은 사사 시대 인물입니다. 모압 출신인 룻은 말론이라는 히브리인과 결혼했는데 남편이 죽자 시어머니 나오미를 따라 나오미의 고향인 베들레헴으로 갔습니다.

룻은 나오미의 친척인 보아스의 밭에서 이삭을 주워 생계를 유지했습니다. 나오미는 룻에게 보아스가 타작마당에 누울 때 그의 발치에 같이 누우라고 했습니다. 왜 그렇게 하라고 했을까요? 보아스에게 기업 무름의 책임이 있다는 사실을 상기시켜 주려고 했기 때문입니다.

기업 무름이란 한 남자가 자식 없이 죽었을 때 그 형제나 남자 친척이 과부와 결혼하여 가정의 대를 잇고 가업을 지켜주는 제도입니다. 왜 그런 제도가 있었을까요? 땅이나 재산이 다른 지파나 민족에게 넘어가는 것을 방지하고 동시에 어려움에 빠진 과부를 경제적으로 보호하기 위해서입니다.

기업 무름의 책임이 있는 사람을 '고엘'이라고 했는데 남편을 잃은 과부는 고엘에게 기업 무름을 요청할 권리가 있습니다. 룻은 나오미의 지시에 순종하여 보아스에게 기업 무름을 요청하였습니다.

보아스는 룻을 아내로 맞이하였습니다. 보아스와 룻은 오벳을 낳았고 오벳은 이새를 낳았으며 이새는 다윗을 낳았습니다. 룻은 다윗의 증조할머니가 되어 메시아의 계보에 등장하게 됩니다. 하나님은 구약시대에 이방인도 하나님을 믿어 구원받도록 해 주셨습니다.

# 58 사울은 왜 하나님께 버림받았나요?

사울은 하나님이 지명하신 이스라엘의 첫 번째 왕입니다. 사실 이스라엘의 왕은 하나님이셨습니다. 백성들이 왕을 계속 요구하니 어쩔 수 없이 사울을 왕으로 세웠으나 그는 하나님의 대리자일 뿐이었습니다.

사울은 처음에는 겸손한 척했으나 곧 본심을 드러냅니다. 그는 마지못해 하나님과 사무엘의 권위를 인정했으나 누구의 간섭도 받지 않는 절대 권력을 가진 왕이 되고 싶었습니다.

사울은 블레셋과 전투를 하려고 길갈에서 진을 치고 있을 때 번제를 드려야 할 사무엘이 약속한 기한 내에 오지 않자 자기가 직접 번제를 드렸습니다. 사무엘을 완전히 무시한 행동이었지요. 그 후 하나님은 사울에게 아말렉을 쳐서 그들의 소유를 남기지 말고 진멸하라고 명령하였으나 사울은 아말렉 왕 아각과 좋은 짐승은 남겨두고 쓸모없고 하찮은 것만 진멸했습니다. 하나님께 고의로 불순종한 것입니다.

사람이 모르고 죄를 지으면 희생제물을 대신 바쳐서 죄를 용서받을 수 있습니다. 그러나 알면서도 고의로 지은 죄는 용서의 대상이 아니라 처벌의 대상입니다. 결국 하나님은 사울을 버리기로 하셨습니다. 그러나 사실 사울이 이미 마음속에 하나님을 먼저 버렸습니다.

**생각해 보세요**

하나님께서 사울을 버리신 까닭은 무엇인가요? (삼상15:23)

## 59 엔돌의 무당이 불러낸 사람은 사무엘이 맞나요?

사무엘상 28장을 보면 사울이 블레셋과의 싸움을 앞두고 두려운 마음이 들어 엔돌에 있는 무당을 찾아가 죽은 사무엘을 불러 달라고 요청하는 장면이 나옵니다. 그리고 실제로 사무엘이 나타나서 사울과 대화를 합니다. 그렇다면 이때 올라온 사람은 진짜 사무엘인가요?

이때 나타난 사람은 사무엘이 맞습니다. 어떻게 알 수 있습니까? 사무엘의 모습을 보고 사울은 사무엘인 줄 알아차렸습니다(삼상28:14). 또한 사무엘이 한 말을 통해 사무엘이라는 사실을 알 수 있습니다. 사무엘은 사울에게 네가 하나님께 순종하지 아니하고 그분의 진노를 아말렉에게 쏟지 아니하였으므로 하나님이 나라를 네 손에서 떼어 다윗에게 주셨다고 말했습니다(삼상28:16-18). 하나님이 하신 일을 정확히 알고 있었고 살아 있을 때 한 말과 일치했습니다.

사무엘은 무당이 불러서 나온 건가요? 그렇지 않습니다. 무당은 오히려 사무엘과 천사들이 올라오는 모습을 보고 놀랐습니다(삼상28:12-13). 자기가 불러냈다면 왜 놀랐을까요? 사무엘은 누가 부른 건가요? **하나님이 사무엘을 사울에게 나타나게 하셨습니다. 왜 사울에게 나타나게 하셨을까요? 그것은 사울과 아들들의 죽음 그리고 이스라엘의 패망을 계시해 주시기 위해서입니다**(삼상28:19).

## 60 사울은 왜 다윗을 알아보지 못했나요?

다윗이 골리앗을 죽인 뒤 사울 왕 앞에 섰습니다. 사울이 다윗에게 네가 누구의 아들이냐고 묻자 다윗은 이새의 아들이라고 대답했습니다(삼상17:58). 이 대화만 들어보면 사울은 다윗을 처음 본 것 같습니다. 정말 사울은 다윗을 처음 봤을까요?

악령이 사울에게 임할 때 다윗이 수금을 타면 사울에게서 악령이 떠났습니다(삼상16:23). 이 일은 다윗이 골리앗을 죽이기 전의 일입니다. 그렇다면 분명히 사울은 다윗의 얼굴을 알고 있었을 텐데 왜 처음 보는 것처럼 말했을까요?

사울은 다윗을 알고 있었습니다. 사울은 단지 다윗의 아버지가 누구인지 물어본 것입니다(삼상17:58). 사실 사울의 신하가 사울에게 다윗은 이새의 아들이라고 말한 적이 있습니다(삼상16:18). 그러나 그때는 사울 입장에서 다윗의 아버지가 누구인지는 중요하지 않았습니다. 하지만 이제는 다윗이 누구의 아들인지가 중요합니다.

사울이 다윗에게 왜 아버지의 이름을 물어봤나요? 사울은 골리앗을 죽이는 사람에게 많은 재물과 자기의 딸을 주고, 아버지 집의 세금을 면제해 주겠다고 약속했습니다(삼상17:25). 사울은 그 약속을 지키려고 다윗에게 아버지의 이름을 물어본 것입니다.

## 61 미갈은 왜 임신하지 못했나요?

미갈은 사울의 딸이며 다윗의 아내입니다. 미갈은 다윗을 사랑했습니다. 이 사실을 안 사울은 딸을 미끼로 다윗을 죽이려고 했습니다. 다윗은 다윗대로 미갈을 아내로 얻어 왕의 사위가 되려고 했습니다. 결국 **미갈은 정치적으로 이용만 당했죠.**

다윗이 사울을 피해 도망 다니면서 다른 여인들을 아내로 맞이하자 사울은 미갈을 다른 남자에게 시집보내버립니다. 사울이 죽자 다윗은 다른 남자와 사는 미갈을 강제로 데려옵니다. 다윗이 미갈을 사랑해서 데려왔을까요? 그것은 사울의 사위라는 지위를 이용해서 북쪽 지파의 인정을 받으려는 속셈이었습니다.

**자신을 사랑하지도 않으면서 강제로 이혼까지 시킨 다윗에게 미갈은 어떤 감정을 느꼈을까요?** 그녀는 다윗이 언약궤를 찾아올 때 뛰며 춤추는 모습을 보며 그를 경멸했습니다. 성경에 미갈이 죽는 날까지 자식이 없었다고 기록되어 있습니다(삼하6:23).

미갈이 하나님께 벌을 받아 자식이 없었을까요? 성경에는 그런 기록이 없습니다. 성경을 내 맘대로 해석해서는 안 됩니다. **다윗과 미갈은 서로 신뢰가 깨졌고 이제 경멸하는 사이가 되었으니 부부관계도 없었을 것입니다. 그러니 당연히 자식이 없었습니다.**

**생각해 보세요.**

미갈이 남편과 헤어지면서 다윗에게 갈 때 어떤 심정이었을까요?
(삼하3:16)

## 62 다윗의 인구조사가 왜 죄가 되나요?

다윗이 인구조사를 하는 죄를 범하여 전염병으로 이스라엘 백성 7만 명이나 죽었습니다. 그렇다면 다윗은 왜 인구조사를 했으며 인구조사가 어떻게 죄가 되나요?

사탄이 이스라엘을 대적하고자 인구조사를 하도록 다윗을 충동질했습니다(대상21:1). 사탄이 하나님의 허락을 받고 욥을 시험했듯이 다윗을 충동질할 때도 하나님의 허락을 받았습니다. 하나님은 사탄이 다윗을 충동질하도록 왜 허락하셨을까요? 어떤 이유인지는 모르나 하나님이 이스라엘을 향해 진노하셨기 때문입니다(삼하24:1).

하나님은 이스라엘이 범죄했기 때문에 징계를 내리시려고 사탄의 시험을 허락하셨습니다. 그러나 다윗이 사탄의 시험을 이기면 징계를 피할 수 있었습니다. 사탄이 아무리 사람을 충동질하여도 모두 죄에 빠지지 않습니다. 죄에 빠지는 사람도 있으나 죄의 유혹에서 벗어나는 사람도 있습니다. 가룟 유다는 죄의 유혹에 빠진 사람입니다.

요압이 다윗에게 인구조사를 하지 말자고 했는데도 불구하고 다윗은 인구조사를 강행합니다. 하나님만 의지하면 군사가 한 명밖에 없어도 승리할 수 있다는 사실을 망각하고 교만해져서 자기 군사를 의지했던 것입니다. 결국 다윗의 교만으로 이스라엘 백성 7만 명이 전염병으로 죽는 징계를 받았습니다.

## 63 솔로몬 성전은 어디에 세워졌나요?

솔로몬 성전은 예루살렘에 있는 모리아산에 세워졌습니다. 솔로몬 성전은 이스라엘의 첫 번째 성전입니다. 하나님은 아브라함에게 모리아 땅으로 가서 하나님이 지시한 산에 이삭을 번제로 드리라고 명령하셨습니다. 하나님이 지시한 산은 모리아산이며 그곳에 성전이 세워졌습니다.

예루살렘은 원래 여부스 족속의 땅이었습니다. 예루살렘은 높은 지대에 있는 요새였는데 다윗이 그곳을 정복하고 다윗성을 쌓았습니다. 당시 모리아산은 여부스 사람 오르난이 추수한 곡식을 타작하던 장소였으나 다윗이 성전을 건축하려고 비싼 값을 지불하고 샀습니다.

이슬람은 아브라함이 모리아산에서 제물로 바친 아들은 이삭이 아니라 이스마엘이라고 주장합니다. 이스마엘이 그들의 후손이기 때문입니다. 이렇게 예루살렘의 모리아산은 기독교의 성지이면서 이슬람의 성지도 되었습니다. 이슬람교도들은 성전이 파괴된 자리에 황금 사원을 세웠습니다. 현재까지 솔로몬 성전이 있던 자리에는 황금 사원이 있습니다.

## 64 솔로몬은 지혜로운 왕이었나요?

누구나 솔로몬을 지혜로운 왕이라고 생각합니다. 과연 솔로몬은 지혜로운 왕이었나요? 그렇다면 지혜란 무엇인가요? 세상 이치를 알고 사리 분별을 잘 하는 것이 지혜일까요? 재물과 권력을 손쉽게 얻는 방법을 아는 것이 지혜일까요? 성경에서 말하는 지혜는 하나님을 경외하며 그분의 뜻을 잘 분별하여 성령 충만함으로 그 뜻을 이루어 나가는 것입니다.

그렇다면 솔로몬은 지혜로운 삶을 살았나요? 그는 자신을 위해 많은 말을 모으고 그 말을 모으려고 백성을 이집트로 내려보냈습니다. 또한 자신을 위해 많은 금과 은을 모았습니다. 모두 하나님께서 하지 말라고 명령하신 것들입니다. 그는 정략결혼으로 많은 이방 여인을 아내로 취하고 아내를 좇아 이방 신을 섬겼습니다.

하나님은 솔로몬에게 두 번이나 나타나셔서 다른 신을 따르지 말라고 경고하였으나 그는 하나님의 명령을 듣지 않았습니다. 그런 그가 과연 하나님을 경외하고 하나님의 뜻을 분별한 사람인가요? 솔로몬은 분명 지혜롭지 못한 왕이었습니다.

**생각해 보세요**

솔로몬이 하나님께 구하여 받은 지혜는 어떤 지혜인가요? (왕상3:8-10)

## 65 하나님은 일부다처제를 허용하셨나요?

하나님은 일부다처제를 허용하지 않으셨습니다. **하나님의 뜻은 일부일처제입니다.** 하나님은 하와를 만드시고, 남자가 부모를 떠나 그의 아내와 합하여 둘이 한 몸을 이루라고 말씀하셨습니다(창2:24). 예수님은 부부는 한 몸이니 하나님이 짝지어 주신 것을 사람이 나누지 못한다고 말씀하셨습니다(마19:6).

성경에 하나님께서 많은 아내를 두라고 말씀하신 적이 없습니다. 그렇다면 다윗과 솔로몬 같은 왕들은 왜 아내를 많이 두었을까요? 하나님은 왕에게 아내를 많이 두어 마음이 미혹되게 하지 말라고 분명히 경고하셨습니다(신17:17). 하지만 그들은 아내를 많이 두었습니다. 그 결과 이복동생을 강간하였으며, 이복형제를 죽이기도 하였고, 급기야 솔로몬의 이방 아내들 때문에 솔로몬과 이스라엘 백성들이 우상을 섬겼습니다. 또한 아브라함이 하갈을 얻은 결과 그의 아들 이스마엘과 이삭의 후손들이 지금까지 분쟁하고 있습니다.

**하나님은 남자가 한 아내만 얻고 그 아내를 평생 사랑하며 살기를 바라십니다.** 하나님이 일부다처제를 허용하신 것이 아니라 당시 일부다처제는 간음죄에 해당하지 않았으므로 징계하지 않으셨을 뿐입니다.

**생각해 보세요**

예수님은 어떤 사유를 제외하고 아내를 버리면 안 된다고 말씀하셨나요?
(마19:9)

## 66 이스라엘 백성은 왜 우상숭배를 했나요?

우리는 하나님만이 유일하신 신이라는 사실을 의심하지 않습니다. 우리는 성경을 읽으면서 하나님 외에 다른 신을 섬겼던 이스라엘을 어리석게 바라봅니다. 그러나 구약시대에 이스라엘은 성경을 볼 수도 없었고 제대로 된 신앙 교육도 받지 못했으므로 하나님을 잘 몰랐다는 사실을 알아야 합니다.

이스라엘은 하나님의 능력과 은혜로 가나안 땅에 살게 되었으나 하나님을 그저 여러 신 중에 하나라고만 생각했습니다. 그래서 다른 민족이 믿었던 신에게 관심을 가졌고 여러 신을 하나님과 함께 섬겼습니다. 심지어 몰렉이라는 신에게 자식을 불에 태워 바치기까지 했습니다. 그래서 하나님은 가나안 땅을 정복할 때 이스라엘이 이방 신을 섬기지 못하도록 그곳에 사는 모든 것을 진멸하라고 명령하셨던 것입니다.

하나님은 이스라엘 백성들에게 자신이 유일한 신이라는 사실을 수많은 대언자를 통해 알리셨습니다. 다른 신을 섬기면 멸망한다는 경고를 수없이 하였습니다. 그러나 이스라엘은 회개하지 않았고 결국 멸망하여 앗수르와 바벨론에 포로로 끌려갔습니다. 그제야 하나님만이 참된 신이라는 사실을 인정하였습니다.

**생각해 보세요**

하나님은 이스라엘 백성들에게 자신이 어떤 존재라고 말씀하셨나요?
(호13:4)

## 67 시편은 어떤 책인가요?

시편의 원명은 찬양의 책입니다. 시편은 개인적으로 하나님께 찬양, 감사, 회개를 위하여 기록하였을 뿐만 아니라 공동체 예배, 절기, 신앙 교육의 목적으로도 기록하였습니다.

시편은 모세오경과 예언서를 통해 하나님이 이스라엘 백성들에게 주신 말씀에 응답하여 하나님께 드린 찬양의 책이며 기도서입니다. 하나님께 감사, 찬미, 탄식, 기쁨, 고통, 신뢰, 경외 등 인간의 감정을 표현한 신앙 고백서이기도 합니다.

시편은 주로 다윗과 솔로몬의 통치 시대와 바벨론 포로 시대를 전후하여 기록되었습니다. 시편은 누가 기록하였나요? 시편을 기록한 사람은 여러 명입니다. 다윗이 73편을 기록하였고, 아삽이 12편, 고라 자손이 11편, 솔로몬이 2편, 모세가 1편, 에단이 1편을 기록하였으며 그 외 50편은 미상입니다.

아삽은 다윗과 솔로몬 시대에 찬송하는 직분을 맡은 악사였는데 시편에는 그와 그의 후손의 시가 같이 실려 있습니다. 고라가 모세에게 반역할 때 고라의 세 아들은 죽지 않았습니다. 그 자손 중 일부가 성전에서 찬송하는 자가 되었습니다.

## 68 솔로몬이 쓴 잠언과 전도서는 어떤 내용인가요?

잠언을 기록한 사람은 솔로몬입니다. 솔로몬은 그의 잠언 모음집에 아굴(30장)과 르무엘(31장)의 잠언을 일부 포함하였습니다. 잠언의 기록 연대는 B.C.950년경입니다.

잠언(箴言)은 인간이 세상을 살아갈 때 추구해야 할 삶의 지혜를 짧은 문장으로 소개한 일종의 시가서입니다. 잠언을 쓴 목적은 지식의 근본이 하나님이시며 하나님을 경외하는 것이 곧 지혜라는 사실을 인간이 깨닫도록 하기 위해서입니다.

전도서는 '전도자의 말씀'이라는 뜻입니다. 전도자란 '집회에서 회중에게 선포하는 자'를 말하며 '설교자'를 지칭하기도 합니다. 전도서 1장 1절에 '다윗의 아들, 예루살렘의 왕'이라는 표현이 있습니다. 따라서 전도서도 B.C.940-930년경에 우상숭배와 육신의 향락으로 하나님께 범죄한 솔로몬이 회개하면서 기록한 것으로 보입니다.

전도서에는 '헛되다'라는 표현이 37회나 나오지만 그렇다고 해서 염세주의나 무신론적 사상을 말하는 것은 아닙니다. 세상이 인생의 궁극적인 목적이 된다면 모든 것이 헛될 뿐이므로 가치 있는 복된 인생을 살려면 하나님을 경외하고 그분의 절대 주권을 인정하며 그분의 명령을 지켜야 한다고 강조합니다.

## 69 아가서에서 남녀 간의 사랑은 어떤 의미인가요?

아가서의 기록자는 솔로몬입니다. 아가서는 솔로몬과 술람미 여인의 사랑을 노래하고 있습니다. 솔로몬은 자신의 포도원을 둘러보다가 우연히 만난 술람미 여인과 사랑하여 결혼했다고 합니다. 술람미 여인은 누구일까요? 술람미 여인이 자신의 얼굴이 검다고 말한 점과(아1:6) 솔로몬이 술람미 여인을 파라오의 말에 비교한 점으로(아1:9) 볼 때 파라오의 딸로 추정됩니다. 실제 솔로몬은 이집트 왕(파라오)의 딸을 아내로 삼아 다윗 성에 두고 왕궁과 성전과 예루살렘 성의 공사가 끝나기를 기다렸다는 기록이 있습니다(왕상3:1).

어떻게 남녀 간의 사랑 노래가 성경이 되었을까요? **아가서는 단순히 남녀 간의 사랑 이야기를 기록한 것이 아니라 신랑이신 그리스도와 신부인 그리스도인과의 관계를 상징적으로 표현한 것입니다.**

솔로몬이 파라오의 딸을 위해 집을 지어 주었듯이(왕상7:8) 예수님께서도 신부인 그리스도인을 위해 거처를 마련하러 가셨습니다. 거처가 준비되면 그리스도인을 데리러 다시 오십니다(요14:2-3). 술람미 여인이 솔로몬과 음성으로 사랑을 나누었듯이(아2:8) 예수님도 그리스도인의 이름을 각각 불러 인도하여 내십니다(요10:3). 술람미 여인이 솔로몬에게 돌아오라고 간곡히 부탁했듯이(아2:17). 그리스도인도 예수님의 재림을 간절히 기다려야 합니다. 그리스도인은 그리스도의 순결한 신부입니다(계21:9). 그런 마음으로 아가서를 읽어 보시기 바랍니다.

## 70 이스라엘 왕국이 분열된 까닭은 무엇인가요?

솔로몬은 왕이 된 후에 처음에는 하나님을 잘 섬겼습니다. 그는 주변 이방 국가들과 많은 동맹 관계를 맺었습니다. 당시에는 동맹을 맺은 나라의 왕이 자신의 딸을 주는 풍습이 있었습니다. 솔로몬의 이방 아내들은 그들이 섬기던 이방 신상들을 들고 이스라엘로 왔는데 솔로몬은 그들이 신상을 숭배할 수 있도록 신당까지 지어 주었습니다.

하나님은 솔로몬에게 두 번이나 나타나셔서 다른 신을 따르지 말라고 경고했으나 그는 하나님의 명령에 따르지 않았습니다. 결국 하나님은 나라를 빼앗아 신하에게 주겠다고 말씀하셨습니다(왕상11:11).

솔로몬의 신하는 누구를 말할까요? 바로 북이스라엘의 초대 왕 여로보암입니다. 그는 솔로몬의 신임을 받던 공사 감독관이었습니다. 하나님은 솔로몬이 왕이었을 때 아히야 선지자를 여로보암에게 보내 장차 왕이 될 것이라는 사실을 미리 알려 주셨습니다. 솔로몬이 이 사실을 알고 여로보암을 죽이려고 했으므로 그는 솔로몬이 죽을 때까지 이집트에 피신해 있었습니다.

하나님의 예언대로 솔로몬이 죽은 뒤 이스라엘 왕국은 두 나라로 분열되었습니다. 북쪽 열 지파는 여로보암을 왕으로 세웠습니다. 남쪽 두 지파는 계속 다윗의 자손을 왕으로 섬겼습니다. 이렇게 해서 북이스라엘과 남유다로 분열되었습니다.

## 71 북이스라엘은 어떻게 멸망했나요?

남유다는 멸망할 때까지 다윗의 자손이 계속 왕이 되었습니다. 반면에 북이스라엘은 왕을 암살하는 일이 자주 발생하여 왕조가 아홉 번이나 바뀌었습니다.

당시 앗수르는 디글랏 빌레셀 3세 때 전성기를 맞아 초강대국이 되었습니다. 앗수르는 바벨론까지 자신의 지배하에 두었습니다. 북이스라엘의 국력은 점점 쇠약해져 므나헴 왕 때는 앗수르 왕에게 조공을 바쳐야 했습니다.

북이스라엘의 베가는 브가히야를 죽이고 왕위에 오른 다음 반앗수르 정책을 폈습니다. 그는 앗수르에 대항하려고 아람과 동맹을 맺고 남유다의 아하스 왕에게도 동참해 달라고 요청했으나 아하스는 거절했습니다. 화가 난 베가는 아람과 연합하여 남유다를 침공했습니다. 다급해진 아하스는 앗수르에 원병을 요청합니다. 기회만 엿보고 있었던 앗수르는 전쟁의 좋은 명분을 얻습니다. 앗수르는 아람의 수도 다메섹을 점령한 뒤 북이스라엘도 침략하여 길르앗, 갈릴리, 납달리 지역의 많은 사람을 포로로 끌고 갔습니다. 힘을 잃은 베가는 호세아에게 암살당합니다.

호세아는 처음에 앗수르에 조공을 바치며 섬겼습니다. 하지만 앗수르를 배반하고 이집트를 의지하면서 조공을 바치지 않았습니다. 그러자 앗수르는 사마리아로 쳐들어와 3년 동안 포위한 뒤 함락시켰습니다. 결국 북이스라엘은 B.C.722년에 앗수르에 멸망했습니다.

## 72 멸망한 북이스라엘은 어떻게 되었나요?

북이스라엘을 멸망시킨 앗수르는 북이스라엘 백성들을 아주 먼 곳으로 강제 이주시켰습니다. 반란이 일어나는 것을 막고 자연스럽게 자기 나라에 동화되도록 하기 위해서입니다.

북이스라엘 사람들을 앗수르 영토에 있는 고산 강가의 할라, 하볼, 메대 사람의 여러 성읍에 강제 이주시켰습니다. 반대로 바벨론, 구다, 다드몰, 하맛, 스발와임에 사는 사람들을 사마리아 여러 성읍으로 이주시켰습니다.

사마리아로 이주해 온 이방인들은 지금까지 섬기던 신들과 하나님을 함께 섬겼습니다. 이것을 혼합주의 신앙이라고 합니다. 유대인들은 이런 사마리아인들을 천대하기 시작했습니다. 그래서 신약성경을 보면 사마리아인들을 동물보다 더 천대했던 유대인들의 모습을 볼 수 있습니다.

## 73 남유다는 어떻게 멸망했나요?

북이스라엘은 B.C.722년에 앗수르에 멸망했지만 남유다는 히스기야 왕 시절에 앗수르의 침략을 막아내고 나라를 계속 유지했습니다. B.C.609년에 남유다는 므깃도에서 이집트와 싸우다 패배하여 이집트의 지배를 받습니다. 이집트 왕 느고는 자기 허락 없이 왕이 된 여호아하스를 3개월 만에 폐위시킵니다. 대신 요시야의 둘째 아들 여호야김(B.C.609-598)을 왕으로 세웠습니다.

갈그미스 전투에서 바벨론이 이집트에 승리하자 남유다는 바벨론의 지배를 받습니다. 그러다가 바벨론이 이집트를 공격하다가 실패했는데 이 모습을 본 여호야김은 오판하여 바벨론을 배반하고 조공을 바치지 않았습니다. 바벨론 왕 느부갓네살은 예루살렘을 공격하여 여호야김을 바벨론으로 끌고 갔고 그의 아들 여호야긴이 왕위에 올랐습니다. 여호야긴은 왕위에 오른 지 3개월 만에 바벨론에 항복했습니다. 느부갓네살은 항복한 여호야긴 역시 바벨론으로 끌고 갔습니다.

느부갓네살은 여호야긴의 숙부이자 요시야의 셋째 아들인 시드기야를 왕위에 앉혔습니다. 시드기야는 처음에는 바벨론에 충성하다가 예레미야의 경고를 무시하고 바벨론을 배반했습니다. B.C.586년에 느부갓네살은 예루살렘을 포위하고 공격하여 함락시키고 시드기야의 두 눈을 뽑은 후 사슬에 묶어 바벨론으로 끌고 갔습니다. 이로써 남유다는 멸망하였고 포로들은 페르시아 제국이 바벨론을 멸망시킬 때까지 70년 동안 고국으로 돌아올 수 없었습니다.

## 74 남유다는 몇 번에 걸쳐 바벨론에 포로로 끌려갔나요?

남유다는 세 번에 걸쳐 바벨론에 포로로 끌려갔습니다.

1차 포로는 B.C.605년에 끌려갔습니다. 이집트와 바벨론 사이에 벌어진 갈그미스 전투에서 바벨론이 승리하자 남유다는 바벨론의 지배에 들어가게 됩니다. 바벨론의 느부갓네살 왕은 갈그미스 전투가 끝나고 본국으로 돌아가면서 남유다의 왕족과 통치자들을 데려갔는데 다니엘도 포로로 끌려갔습니다.

2차 포로는 B.C.597년에 끌려갔습니다. 여호야긴은 왕위에 오른 지 3개월 만에 바벨론과의 싸움이 무모함을 알고 항복했습니다. 느부갓네살은 예루살렘 성을 함락하고 여호야긴과 왕의 어머니, 아내들, 용사 7천 명을 포함한 방백과 백성 총 1만 명, 기술자와 대장장이 1천 명을 데려갔는데 이때 에스겔과 모르드개의 조상도 끌려갔습니다. 남유다가 힘을 쓰지 못하도록 반란을 일으킬 만한 지도자들과 탁월한 사람들을 모두 데려갔습니다.

3차 포로는 B.C.586년 남유다가 멸망한 직후에 끌려갔습니다. 느부갓네살은 예루살렘 성을 함락하고 시드기야 왕과 성 중에 남아 있는 백성, 바벨론 왕에게 항복한 자들 모두 사로잡아 갔습니다. 단지 비천한 자를 남겨두어 포도원을 경작하도록 했습니다. 그리고 성전을 불사르고 성전 기구들의 금, 은, 놋을 모두 취해 가져갔으며 사면 성벽을 헐어 버렸습니다.

## 75 바벨론 포로는 어떻게 귀환했나요?

페르시아 제국이 바벨론 제국을 멸망시켰습니다. 하나님은 페르시아 제국의 고레스 왕을 감동시켜 그가 왕이 된 해에 유다 포로들을 귀환시키게 하셨습니다(스1:2).

남유다가 바벨론에 처음으로 포로로 끌려갔던 해는 B.C.605년이고 고레스가 유다 포로의 귀환을 허락해준 해는 B.C.538년입니다. 그리고 성전 건축을 시작한 해는 B.C.536년입니다. 1차 포로로 끌려간 뒤 성전 건축을 시작할 때까지 70년이 지났는데, 이는 하나님이 예레미야를 통해 미리 말씀해 주신 기간이었습니다(렘29:10).

1차 귀환은 B.C.537년에 이루어졌는데 페르시아가 스룹바벨을 유대 총독으로 파견하였습니다. 스룹바벨은 성전을 재건하였습니다. 2차 귀환은 B.C.458년에 에스라가 주도했습니다. 그는 이스라엘 백성들에게 율법을 가르치겠다고 결심하고 귀환하였습니다. 3차 귀환은 B.C.445년에 이루어졌는데 느헤미야가 주도하여 성벽을 재건했습니다.

## 76 에스더는 왜 '죽으면 죽으리이다'라는 말을 했나요?

에스더는 페르시아 제국의 왕비가 되었습니다. 에스더서에 기록된 사건은 바벨론 포로의 1차 귀환과 2차 귀환 사이에 일어났습니다.

하만은 페르시아 제국의 총리대신입니다. 그는 아말렉 족속인데 다른 아말렉인처럼 유대인을 증오했습니다. 왕이 하만을 높여 주었으므로 모든 신하가 하만에게 무릎을 꿇었지만 모르드개는 하만에게 무릎을 꿇지 않았습니다. 유대인으로서 하만을 우상처럼 경배하는 행위를 거부했거나 하만이 아말렉인이므로 경배하지 않았을 수도 있습니다.

분노한 하만은 모르드개뿐만 아니라 모든 유대인을 진멸하려고 날짜를 정한 후에 왕에게 허락을 받았습니다.

모르드개는 하만의 음모를 에스더에게 전해 주고 민족을 구해 주도록 요청했습니다. 그러나 당시에는 아무리 왕비라도 왕이 부르지 않으면 왕 앞에 나갈 수 없었습니다. 허락 없이 왕 앞에 나아갔다가 왕이 황금 홀을 내밀지 않으면 죽습니다. 에스더는 한 달이나 왕의 부름을 받지 못했습니다. 그녀는 '죽으면 죽으리이다'라는 각오로 왕에게 나아갔고 다행히 왕은 그녀를 사랑스럽게 여겨 황금 홀을 내밀었습니다.

페르시아 땅에 정착했던 유대인 중 고국으로 귀환한 사람은 많지 않았습니다. 대부분 그곳에 남았습니다. 하나님은 그들에게도 긍휼을 베풀어 주셔서 에스더를 통해 구원해 주셨습니다.

## 77 요나가 도망친 까닭은 무엇인가요?

요나가 활동했던 시기는 B.C.770년경으로 북이스라엘 여로보암 2세가 통치하던 시대입니다. 하나님은 요나에게 앗수르의 수도 니느웨에 악이 가득하므로 그곳 사람들이 회개하도록 외치라는 사명을 주셨습니다. 그러나 요나는 하나님의 명령에 불순종하고 반대 방향인 다시스로 가는 배를 탑니다. 다시스는 스페인 지역으로 추정됩니다.

요나가 탄 배는 큰 광풍을 만났고 요나는 삼 일 밤낮을 큰 물고기(고래) 뱃속에 있다가 나왔습니다. 요나는 어쩔 수 없이 니느웨로 가서 사십 일이 지나면 니느웨가 무너진다고 외쳤습니다. 니느웨 백성은 요나의 말을 듣고 회개하였고 하나님은 재앙을 내리지 않으셨습니다.

요나가 하나님의 명령에 순종하지 않고 도망간 까닭은 무엇일까요? 니느웨는 북이스라엘을 괴롭혔던 앗수르의 수도였기 때문입니다. 앗수르는 잔인한 방법으로 다른 나라를 정복했는데 북이스라엘도 예외가 아니었습니다. 요나가 사역할 당시 북이스라엘은 앗수르에 조공을 바치는 속국 신세였습니다. 하나님은 그런 앗수르도 하나님을 믿고 구원받기를 바라셨습니다. 그러나 요나는 앗수르가 하나님의 징계를 받아 멸망하기를 바랐습니다. 원수 같은 나라 앗수르에 복음을 전하라고 하니 하나님의 명령을 거부하고 다른 곳으로 가버린 것입니다.

그런데 나중에 앗수르는 어떻게 되었을까요? 다시 죄를 짓고 나훔의 예언대로 결국 바벨론에 멸망했습니다.

## 78 구약과 신약 사이에 어떤 일이 있었나요?

북이스라엘은 B.C.722년에 앗수르에 멸망하고, 남유다는 B.C.586년에 바벨론에 멸망합니다. B.C.539년에 페르시아가 바벨론을 멸망시키자 유대인들은 다시 페르시아의 지배를 받습니다. 페르시아는 유대인들의 고국 귀환을 허락하였습니다. 바벨론 포로가 귀환하고 B.C.400년경 마지막 예언자 말라기가 사역을 끝낸 후에 이스라엘에 어떤 일이 일어났을까요?

알레산더가 이끄는 헬라제국이 B.C.330년에 페르시아를 멸망시키자 유대인들은 헬라제국의 지배를 받았습니다. 알렉산더가 죽고 B.C.301년에 제국이 분할되었는데 이스라엘 땅은 이집트 지역을 다스렸던 프톨레마이오스 왕조가 다스렸습니다. B.C.200년에 셀레우코스 왕조가 프톨레마이오스의 힘을 누르고 이스라엘 땅을 차지했습니다.

셀레우코스의 에피파네스 왕이 성전을 모독하고 유대인들을 핍박하자 유대인들은 B.C.167년에 혁명을 일으켜 하스몬 왕조를 세웠고 잠시 독립의 기쁨을 맛보았습니다. 그러나 하스몬 왕조의 왕위 다툼에 로마가 개입하면서 B.C.63년부터 로마의 지배를 받았습니다. 예수님이 태어나실 때도 계속 로마의 지배를 받고 있었던 상태였습니다.

# 신약

## 1 구약과 신약의 기준은 무엇인가요?

구약과 신약의 기준은 무척 중요합니다. 그 기준을 모르면 예수님의 말씀과 행동을 이해하기 힘듭니다. 보통 신약이 예수님의 탄생부터라고 생각하는데 그렇지 않습니다. 신약은 예수님의 탄생부터가 아니라 십자가 사건부터입니다. 예수님이 십자가에서 돌아가신 후에 예수 그리스도를 구주로 영접하면 구원을 받는다는 새로운 약속이 시작되었습니다. 예수님이 태어나시자마자 새로운 약속(신약)이 시작된 것이 아닙니다. 예수님의 구속 사역을 처음부터 설명하려고 신약성경에 예수님의 탄생부터 기록했을 뿐입니다.

바울은 할례는 마음에 하라고 했습니다(롬2:29). 따라서 신약시대에 의무적으로 할례를 하는 그리스도인은 없습니다. 하지만 예수님은 태어난 지 팔 일째 할례를 받으셨습니다(눅2:21). 예수님의 탄생부터 신약시대가 시작된다면 예수님도 할례를 받을 필요가 없었습니다. 그런데 예수님은 왜 할례를 받으셨나요? 그때는 구약시대이기 때문입니다.

어떤 율법학자가 예수님께 어떻게 해야 영생을 얻을 수 있는지 물었습니다. 만약 신약시대라면 당연히 자신을 구주로 영접해야 구원을 받을 수 있다고 가르치셨을 것입니다. 그러나 예수님은 그에게 하나님과 이웃을 사랑해야 영생을 얻을 수 있다고 말씀하셨습니다(눅10:25-28). 왜냐하면 당시에는 아직 십자가 대속이나 부활 사건이 일어나기 전인 구약시대이므로 영생의 조건이 달랐기 때문입니다.

## 2 그리스도란 무슨 뜻인가요?

'예수 그리스도'에서 예수는 이름이고 그리스도는 직분을 말합니다. 그리스도란 그리스어인 크리스토스에서 나온 말로서 '기름 부음을 받은 자'라는 뜻입니다. 메시아는 히브리어 마쉬아흐에서 나온 말인데 그리스도와 메시아는 같은 뜻입니다. 구약시대에 선지자, 제사장, 왕의 직분을 받은 사람들에게 기름을 붓는 의식을 행했습니다.

예수님이 '예수 그리스도'로 불리시는 까닭은 왕, 제사장, 선지자 역할을 하시기 때문입니다. 예수님은 실제 기름부음을 받지 않으셨지만 왕, 제사장, 선지자의 역할을 하십니다.

기름부음을 받았다는 말은 성령이 임했다는 뜻입니다(눅4:18). 사무엘이 다윗에게 기름을 부어 왕으로 삼자 다윗에게 성령이 임했습니다(삼상16:13). 그러나 구약시대에는 기름부음을 받고 성령님이 임했다고 하더라도 성령님이 다시 떠날 수도 있었습니다. 기름부음을 받은 사울에게서 성령님이 떠난 것처럼 말입니다(삼상16:14).

성령세례는 주님께서 구원받은 자에게 거듭남의 선물로 주시는 영적 세례입니다(고전6:11). 성령세례를 받은 구원받은 성도는 기름부음을 받은 것과 다름이 없습니다. 따라서 우리도 그리스도를 통해 하나님께 영적 희생물을 드리는 거룩한 제사장이 되었습니다(벧전2:5). 그리고 복음을 전하는 선지자 역할도 해야 합니다(마5:11-12).

## 3 예수님이 이 땅에 오신 목적은 무엇인가요?

하나님의 아들이신 예수님이 왜 인간의 몸으로 이 땅에 오셨을까요? 해답은 예수님의 역할을 알면 찾을 수 있습니다. 예수님은 왕, 선지자, 제사장의 역할을 하십니다.

하나님은 구약시대 많은 예언자를 보내서 이스라엘 백성들에게 말씀을 전해 주셨습니다. 그러나 이스라엘은 회개하지도 않았을 뿐만 아니라 그들을 핍박하고 죽이기까지 했습니다. 그래서 예수님이 직접 내려오셨습니다. **예수님이 곧 하나님의 말씀이시므로 하나님의 말씀을 정확히 사람들에게 전달하실 수 있었습니다.**

예수님은 자신이 왕이라고 선포하셨습니다. **예수님은 하나님의 아들이시며 하나님께 왕권을 물려받으셨으므로 당연히 왕이십니다.**

이스라엘 백성들은 예수님을 왕뿐만 아니라 선지자로도 인정하지 않았습니다. 오히려 신성모독의 죄를 뒤집어씌워 죽였습니다.

왕과 선지자로서 거부당하신 예수님은 결국 십자가에 못 박히셨습니다. 하나님은 자신에게 죽기까지 순종하신 예수님을 높이셨고 누구든지 예수님을 구주로 영접하면 죄를 용서해 주고 구원해 주시겠다고 약속했습니다. **구약의 제사를 모두 없애셨고 예수님을 통해서만 하나님께 나아갈 수 있도록 하셨습니다. 이제 예수님은 우리의 대제사장이 되셨습니다.**

## 4 성육신이란 무엇인가요?

성육신(成肉身)이란 성자 하나님이신 예수님이 인간의 육신을 입고 이 땅에 오셨다는 뜻입니다. 예수님이 왜 인간의 육신을 입고 오셨나요? 하나님은 영이십니다. 인간의 눈으로는 보이지 않습니다. 결국 하나님이 인간과 만나려면 인간의 육신을 입고 오실 수밖에 없습니다.

예수님은 성령의 능력으로 잉태되었습니다(마2:10). 마리아의 피가 전혀 섞이지 않았고 단지 마리아의 태를 통해 영양분만 공급받았을 뿐입니다. 예수님이 인간의 정자와 난자를 통해 잉태되었다면 아담으로부터 내려오는 죄를 그대로 물려받을 수밖에 없습니다. 예수님은 성령으로 잉태되었으므로 죄가 하나도 없이 태어나셨습니다. 예수님은 죄가 없으시므로 희생물이 될 자격이 있었습니다.

예수님은 완벽한 신성과 완벽한 인성을 지니고 태어나셨습니다. 신성과 인성이 반반씩 섞인 것이 아니라 신성 100%, 인성 100%입니다. 그래서 예수님은 자신을 하나님의 아들이라고 하셨을 뿐만 아니라 사람의 아들이라는 뜻인 인자라고도 하셨습니다. 예수님이 인자라는 말을 자주 하신 까닭은 하나님의 아들이지만 우리 죄를 대속하려고 완전한 사람의 몸으로 오셨기 때문입니다. 요셉의 아들로 태어나 우리처럼 죄성을 지닌 인간이 되셨다는 뜻이 아닙니다.

예수님이 곧 하나님이시므로 이 땅에서 사람을 살리고, 병이 있는 자를 치유하며, 바다 위를 걷기도 하셨습니다. 예수님은 또한 사람이었기에 배고픔과 고통과 피곤함도 느끼셨고 죽기까지 하셨습니다.

## 5 성부 하나님과 예수님은 어떤 관계인가요?

예수님은 하나님의 아들입니다. 그렇다면 하나님이 예수님을 낳았다는 말인가요? 성부 하나님이 인간처럼 성자 하나님을 낳으셨다는 뜻이 아닙니다. 시간을 초월하여 영원히 하나님의 친아들로 삼으셨다는 말입니다. 하나님은 예수님이 이 땅에 오시기 전부터 이미 아들로 선포하셨습니다(시2:7).

예수님은 천사나 인간과 같은 피조물이 아닙니다(히1:13). 예수님은 태초에 성부 하나님과 계셨고 세상을 창조하신 창조주입니다(요1:2-3). 예수님은 성부 하나님과 힘과 능력, 속성, 위엄, 영광 등이 모두 똑같습니다. 예수님은 성부 하나님과 자신은 하나라고 말씀하셨습니다(요10:30).

그렇다면 예수님은 왜 하나님의 아들이 되셨나요? 예수님이 성부 하나님보다 능력이 부족해서 아들이 된 것이 아닙니다. 성부 하나님 앞에서 스스로 낮추셨습니다(빌2:8). 예수님은 성부 하나님께 순종하여 십자가에서 희생하셔서 모든 사람의 죄를 대속하셨습니다. 하나님은 예수님을 높이셨습니다. 이제 누구든지 예수 그리스도를 하나님의 아들이라고 시인하면 하나님께서 그 사람 안에 사시고 그 사람도 하나님 안에 살게 됩니다(요일4:15).

## 6 복음서에 나오는 예수님의 계보가 왜 다른가요?

마태복음과 누가복음은 예수님의 계보를 기록하였습니다. 그런데 두 계보가 좀 다릅니다. 마태복음에는 요셉의 아버지가 '야곱'이라고 기록되어 있는데(마1:16), 누가복음에는 요셉의 아버지가 '헬리'라고 기록되어 있습니다(눅3:23). 또한 마태복음에는 다윗이 솔로몬을 낳았다고 기록되어 있으나(마1:16), 누가복음에는 다윗이 나단을 낳았다고 기록되어 있습니다(눅3:31). 다윗의 아내 밧세바는 솔로몬도 낳았지만 나단도 낳았습니다.

마태복음의 계보는 요셉의 계보이고 누가복음의 계보는 마리아의 계보입니다. 누가복음에 요셉의 아버지로 기록된 헬리는 마리아의 아버지입니다. 그런데 왜 사위 요셉을 아들이라고 했을까요? 헬리는 두 딸이 있었는데 한 명은 마리아이고 또 한 명은 예수님의 제자 요한과 야고보의 어머니인 세베대 부인입니다. 당시 아들이 없는 경우 사위는 결혼 후에 가계의 이름을 유지하기 위해 아들이 될 수 있었습니다. 그래서 요셉은 야곱의 아들이면서 헬리의 아들이 되었습니다.

## 7 동방박사는 어떤 사람인가요?

동방박사는 예루살렘 동쪽 지역에 사는 지혜로운 사람이라는 뜻입니다. 동방은 중국이나 우리나라가 아니라 바벨론 지역으로 추정됩니다. 어떻게 이방 나라에 하나님을 믿는 사람이 있었을까요? 유대인들이 바벨론에 포로로 끌려가 그곳에 정착한 사람이 많았기 때문입니다. 에스더와 다니엘도 그런 사람들이었죠. 유대인과 결혼하거나 유대교를 받아들여서 그들도 하나님을 믿었고 메시아를 기다렸습니다.

동방박사들은 자기 나라에서 메시아의 별을 보고 예루살렘에 왔습니다. 그들이 별을 보고 왔다고 해서 점성술사로 생각하는 경우가 있는데 점성술사가 아닙니다. 누구나 볼 수 있는 별인데 그들은 메시아를 기다렸으므로 그 별이 메시아의 탄생을 알린다는 사실을 알았을 뿐입니다. 별이 동방에서 예루살렘까지 그들을 인도한 것이 아닙니다. 동방박사들은 메시아가 당연히 예루살렘에서 태어났을 것이라고 생각하고 일단 예루살렘에 왔습니다. 그들은 예루살렘에서 헤롯을 만난 뒤 메시아가 베들레헴에 태어난다는 말을 듣고 베들레헴으로 향했는데 그때 별이 예수님이 태어나신 곳까지 안내하였습니다.

동방박사들이 예수님을 방문한 시점은 갓난아이 때가 아닙니다. 그들이 마구간을 방문했다는 기록은 없습니다. 동방박사들이 예수님이 갓난아이 때 방문했다면 헤롯이 굳이 두 살 아래의 어린아이들을 죽일 필요가 없습니다. 따라서 그들이 방문한 시점은 예수님이 태어나시고 일 년쯤 지난 때로 추정합니다. 요셉과 마리아는 예수님을 낳자마자 이집트로 피신한 것이 아니라 상당 기간 베들레헴에 머물렀습니다.

## 8 동방박사가 드린 예물의 의미는 무엇인가요?

동방박사들이 몇 명인지는 정확히 모릅니다. 단지 그들이 황금과 유향과 몰약을 예물로 드렸기 때문에 세 명이라고 생각할 뿐입니다. 동방박사들은 왜 황금과 유향과 몰약을 예물로 드렸을까요?

황금은 왕관에 사용되는 것이므로 왕으로 오신 예수님을 상징합니다.

유향은 유향나무의 분비액을 말려 만든 수지로 노랗고 투명한 덩어리입니다. 분향단의 향으로 사용되었습니다. 분향단의 향을 관리하는 사람은 대제사장입니다. 유향은 대제사장으로서 하나님과 우리 사이의 중보자가 되신 예수님을 상징합니다.

몰약은 몰약나무에서 나오는 진액인데 고대 근동 지역에서는 아주 귀한 사람의 침상에 뿌리거나 그들이 죽었을 때 부패와 악취를 방지하려고 시신에 발랐습니다. 몰약은 우리 죄를 대신 지시고 돌아가신 예수님을 상징합니다. 예수님의 첫 선물은 동방박사들이 드린 몰약이었고 예수님의 마지막 선물도 니고데모가 드린 몰약이었습니다.

동방박사들은 예수님께 상징적인 의미로 예물을 드렸으므로 요셉과 마리아는 그 예물을 보관하지는 않았을 것입니다.

## 9 헤롯은 대체 몇 명인가요?

신약성경에는 헤롯이 여러 명 등장합니다. 대체 헤롯은 몇 명일까요? 헤롯 가문은 이두매(에돔) 출신으로 팔레스타인과 그 인접 지역을 B.C.47년부터 A.D.70년까지 통치하였습니다.

헤롯 안티파터는 로마 카이사르에게 신임을 얻어 B.C.47년 유대 행정장관으로 부임하였습니다. 그의 아들 헤롯 대왕은 B.C.47년 갈릴리의 총독이 되었다가 B.C.37년에 유대의 왕이 됩니다. 그는 예수님의 탄생 소식을 듣고 어린 아이들을 죽였습니다. 유대인의 환심을 사려고 성전을 건축하기도 했습니다. 그는 B.C.4년경에 죽습니다.

헤롯 대왕이 죽자 유대 땅은 아들 세 명이 나누어 통치하였습니다. 헤롯 아켈라오는 유대, 사마리아, 이두매 지역을 다스렸으나 정치를 잘하지 못하여 로마는 곧 그를 해임하고 그가 다스리던 지역에 총독을 파견하였습니다. 헤롯 안디바는 갈릴리와 베레아 지방을 다스렸습니다. 그가 바로 세례 요한을 처형한 사람이며 예수님이 붙잡혔을 때 예루살렘에서 예수님을 심문한 사람입니다. 헤롯 빌립 2세는 갈릴리 북동부 지역인 이두래와 드라고닛 지방을 다스렸는데 비교적 온순한 사람입니다.

헤롯 아그립바 1세는 헤롯 대왕의 손자로 갈릴리와 베레아 지방을 다스렸습니다. 그는 사도 야고보를 처형하였고 베드로를 옥에 가둔 사람입니다. 나중에 교만하여 벌레에 먹혀 죽습니다. 헤롯 아그립바 2세는 헤롯 아그립바 1세의 아들이며 헤롯 가문의 마지막 왕입니다. 바울을 심문한 사람입니다.

## 10 예수님은 왜 마귀의 시험을 받으셨나요?

예수님은 요한에게 세례를 받으시고 마귀에게 시험을 받으시려고 성령님의 인도로 광야에 가셨습니다. 하나님의 아들이신 예수님께서 왜 마귀에게 시험을 받으셨을까요? 예수님은 인간의 몸으로 오셨기 때문에 죄를 지으실 수 있었습니다. 인간의 몸은 권력, 탐욕을 추구하려는 성향이 있기 때문입니다. 예수님이 죄를 지을 가능성이 전혀 없었다면 마귀가 시험을 하려고 시도하지도 않았을 것입니다.

예수님은 마귀의 세 가지 시험을 모두 이기셨습니다. 예수님은 마귀의 시험을 이기심으로 이 땅에서 마귀의 시험에 넘어가 죄악에 빠진 인간들로 인해 훼손된 하나님의 거룩함을 회복하고 하나님의 공의를 만족시키셨습니다. 즉 아담과 하와는 마귀의 시험에 넘어가 선악과를 먹어 인류를 죄악 가운데 빠뜨렸으나 예수님은 마귀의 시험을 이기고 인류를 죄악에서 구원하셨습니다.

예수님이 성령님의 인도로 광야로 가셨듯이 우리도 광야에 살고 있으나 성령님이 우리와 함께 계십니다. 따라서 우리는 마귀의 시험을 이길 수 없다고 생각해서는 안 됩니다. 우리도 예수님처럼 마귀의 시험을 충분히 이길 능력이 있습니다.

## 11 세례 요한은 천국에 가지 못했나요?

예수님은 여자가 낳은 자 중에 세례 요한보다 큰 사람이 없다고 칭찬하신 후에 그러나 천국에서는 극히 작은 자라도 세례 요한보다 크다고 말씀하셨습니다(마11:11). 이 말씀은 세례 요한이 천국에 가지 못했다는 뜻인가요? 세례 요한이 천국에 가지 못했다는 뜻이 아닙니다.

예수님이 부활하신 후에 예수님을 구주로 영접하고 구원받은 그리스도인은 천국에 들어갑니다. 천국에서 극히 작은 자는 그리스도인 중에 상급이 가장 적은 사람이라고 볼 수 있습니다. 하지만 상급이 가장 적은 사람이더라도 어떤 점에서 요한보다 더 클 수 있습니까? 그리스도인은 하나님의 아들이기 때문입니다. 세례 요한이 아무리 훌륭해도 하나님의 아들은 될 수 없습니다. 예수님이 아직 십자가에서 돌아가시기 전인 구약시대이기 때문입니다. 구약시대에는 아무리 믿음이 좋은 사람이더라도 하나님의 아들은 될 수 없었습니다.

신약시대에 예수님을 구주로 영접하면 아들로 삼아 주시며, 성령님을 보내주시고, 구원을 보장해 주시며, 상속도 해 주신다고 약속하셨습니다. 그래서 예수님은 우리가 세례 요한보다 더 큰 자라고 말씀하셨습니다. 이단들이 흔히 말하는 것처럼 세례 요한이 예수님을 의심해서 천국에 들어가지 못했다는 뜻이 아닙니다. 예수님을 세 번 부인한 베드로는 지옥에 갔나요? 요한도 인간입니다. 그는 예수님이 메시아라는 확신을 얻으려고 예수님께 메시아가 맞는지 물어본 것입니다.

## 12 팔복은 어떤 사람이 받나요?

예수님은 갈릴리 호수 인근의 산에서 자주 설교하셨습니다. 그래서 산상설교라고 합니다. 산상설교 중에 팔복을 말씀하셨습니다. 팔복은 여덟 가지 복을 말하는데 구원의 조건을 말씀하신 것이 아니라 구원받은 사람이 가져야 할 마음가짐을 말한 것입니다.

영이 가난한 사람은 하나님의 은혜와 권능에 전적으로 의지하는 마음을 가진 사람입니다.

애통하는 사람은 영이 가난한 상태에서 세상과 죄로 인해 하나님과의 관계가 멀어지는 상황을 슬퍼하는 사람입니다.

온유한 사람은 세상 속으로 가려는 자신의 의지를 꺾고, 하나님의 보호를 확신하며, 하나님의 뜻대로 생각하고 행동하는 사람입니다.

의에 굶주리고 목마른 사람은 자신의 삶이 하나님의 의를 나타내려는 생각으로 가득 찬 사람입니다.

긍휼히 여기는 사람은 구원받지 못한 사람을 그 모습 그대로 불쌍히 여기며, 그 사람의 구원을 위해 하나님께 사랑과 은혜를 간구하는 사람입니다.

마음이 청결(순결)한 사람은 모든 것이 하나님의 섭리라는 사실을 믿고 조금도 의심하지 않으며, 어떤 일이든지 하나님의 영광을 위해 하는 사람입니다.

화평케 하는 사람은 불신자들을 섬기고 전도하며 예수님을 믿게 하여 하나님과 죄인과의 관계를 회복시켜 주는 역할을 하는 사람입니다.

의를 위하여 핍박을 받는 사람은 흑암을 싫어하고 빛을 좋아하며 하나님의 뜻대로 살기 때문에 세상으로부터 핍박을 받는 사람입니다.

## 13 물과 성령으로 태어난다는 말은 무슨 뜻인가요?

산헤드린 공의회 의원인 니고데모가 예수님을 방문하였습니다. 니고데모는 예수님이 행하신 기적을 보고 하나님께서 보내신 분이라는 사실을 믿었습니다. 니고데모는 바리새인이었지만 다른 바리새인처럼 교만하지 않았습니다.

예수님은 니고데모에게 물과 성령으로 태어나지 않으면 하나님 나라에 들어갈 수 없다고 말씀하셨습니다(요3:5). 이 말이 무슨 뜻인가요? 물로 태어난다는 말은 물세례를 뜻하는 것이 아니라 **육체의 출생 즉 첫 번째 출생을 말합니다. 성령으로 태어난다는 말은 성령님의 능력으로 영이 거듭난 상태 즉 두 번째 출생을 말합니다.**

모든 사람은 첫 번째 출생을 합니다. 그러나 첫 번째 출생만으로 하나님 나라에 갈 수 없습니다. 예수님은 사람이 거듭나지 아니하면 하나님의 나라를 볼 수 없다고 말씀하셨습니다(요3:3). 즉 **사람은 영이 거듭나는 두 번째 출생을 통해 하나님 나라에 갈 수 있습니다.** 다시 말해서 예수님을 구주로 영접하고 영이 거듭나야만 구원을 받아 천국에 갈 수 있습니다.

**생각해 보세요**

하나님이 우리에게 독생자를 보내신 까닭은 무엇일까요? (요3:16)

## 14 예수님은 왜 율법을 모두 지키셨나요?

예수님은 율법을 모두 지키셨습니다. 예수님은 태어나신 지 8일 만에 할례를 받으셨습니다. 유대 남자아이는 태어난 지 8일 만에 첫 번째 정결 예식인 할례를 받아야 했습니다. 그래야 진정한 하나님의 백성이며 이방인과 구별된 온전한 선민이라고 여겼기 때문입니다(창17:9-14).

예수님은 유월절 절기를 지키셨습니다(눅2:41-42). 예수님은 성전세도 내셨습니다(마17:24-27). 예수님은 십일조도 내셨을 것입니다. 만약 십일조를 내지 않으셨다면 유대 지도자들이 분명히 그 문제로 비난했을 텐데 그런 기록은 없습니다.

예수님은 세례 요한에게 세례를 받으셨습니다. 예수님은 죄가 하나도 없으신 분이므로 세례를 받으실 필요가 없었습니다. 그러나 예수님은 모든 사람의 죄를 용서하시고 구원하시려는 하나님의 의를 이루기 위해(마3:15) 세상 죄를 담당한 죄인으로, 그 죄를 짊어진 어린양으로서 세례를 받으셨습니다(요1:29).

예수님이 율법을 지키신 까닭은 무엇인가요? 지금 그리스도인은 할례를 받지 않고 유월절도 지키지 않는데 예수님은 왜 지키셨을까요? **예수님의 십자가 사건이 있기 전까지는 구약시대입니다. 그래서 구약의 율법을 모두 지키셔야 했습니다. 예수님은 율법을 없애려고 오신 분이 아닙니다. 예수님은 율법을 완성하시려고 오셨습니다**(마5:17).

## 15 사랑이 어떻게 율법을 완성할 수 있나요?

율법으로는 의롭게 될 수 없으며 구원받을 수도 없습니다. 그러나 율법을 통해 죄가 무엇인지 알 수는 있습니다(롬3:20). 율법이 있기 전에는 사람들이 무엇이 죄인지도 모르고 살았으므로 하나님께서 율법을 주셨습니다(롬5:13). 그러나 모든 사람은 율법을 온전히 지킬 수 없었습니다. 그래서 저주 아래 있게 되었습니다(갈3:10).

예수님이 우리를 위해 저주가 되어 율법의 저주에서 우리를 구속하셨습니다(갈3:13). 이제는 예수 그리스도를 믿으면 우리는 율법의 행위가 아닌 믿음으로 의롭게 됩니다(갈2:16). 율법을 모두 지켜야만 구원받을 수 있다는 속박에서 자유롭게 되었습니다.

그런데 율법은 폐지되지 않았습니다. 성경은 오히려 굳게 세워야 한다고 말합니다(롬3:31). 사람의 의지로 굳게 세울 수 있나요? 율법을 요약하면 하나님을 사랑하고 이웃을 자신처럼 사랑하는 것입니다(마22:37-40). 하나님을 사랑한다면 우상숭배를 하지 않습니다. 이웃을 사랑한다면 간음하거나 살인하지 않습니다. 따라서 율법을 굳게 세우려면 사랑이 필요합니다.

사랑이 율법의 완성입니다. 사랑하는 자는 율법을 다 이룰 수 있습니다(롬13:8-10). 예수님은 하나님과 이웃을 사랑하심으로 율법을 완성하셨습니다. 이제 강제적인 율법 조문은 폐지되었습니다(엡2:15). 그렇다고 율법이 없어진 것이 아니라 성령의 법으로 바뀌었습니다(롬8:2). 우리는 성령님의 인도로 사랑으로 율법을 성취할 수 있습니다(롬8:4).

## 16 성령의 법이란 무엇인가요?

하나님은 시내산에서 이스라엘 백성들에게 율법을 주셨습니다. 그들은 하나님을 너무 몰랐으므로 하나님은 지켜야 할 613가지를 정해 주셨습니다. 이 법을 지키면서 하나님이 어떤 분이신지, 무엇을 좋아하고 싫어하시는지 깨닫고 구별되게 살기를 바라셨습니다.

이스라엘 백성들은 율법을 지키기는 했으나 율법의 행위에만 집착해서 그 속에 있는 하나님 사랑과 이웃 사랑을 발견하지 못했습니다. 사실 사랑이 없으면 율법을 지키는 것이 고통이며, 지킬 수도 없고, 지킨다고 하더라도 의미가 없습니다.

예수님이 직접 이 세상에 오셔서 율법은 곧 하나님 사랑과 이웃 사랑을 실천하는 것이며 사랑만이 율법을 완성할 수 있다고 가르치셨습니다. 간음죄, 살인죄, 도둑질 등 악한 죄들은 모두 마음속에 사랑이 없으므로 저지르는 죄입니다. 사랑이 있다면 남의 생명과 아내 그리고 재물을 소중히 여깁니다. 그래서 예수님은 마음속에 간음하는 마음을 품었다는 것은 그 사람 안에 이웃에 대한 사랑이 없다는 뜻이므로 율법을 어긴 것과 다름없다고 말씀하셨습니다.

이제 그리스도인의 마음에 하나님의 법이 새겨졌고 그 법을 지킬 수 있도록 성령님을 보내 주셨습니다. 우리는 실생활을 규제하는 수많은 율법 조항이 없어도 성경과 성령님을 통해 하나님이 무엇을 좋아하시고 싫어하시는지 알 수 있습니다. 우리는 사랑으로서 성령의 법을 지켜야 합니다. 그것이 율법의 완성입니다.

## 17 형제에게 미련하다고 하면 지옥에 가나요?

예수님은 "살인하지 말라, 누구든지 살인하면 심판을 받는다는 말을 너희가 들었으나 너희에게 이르노니 형제에게 노하는 자마다 심판을 받게 되고 형제에게 라가(가치 없는 사람)라 하는 자는 공회에 잡혀가게 되고 미련한 놈이라 하는 자는 지옥 불에 들어가게 되리라"라고 말씀하셨습니다(마5:21-22).

정말 형제에게 화만 내도 심판을 받고 미련한 놈이라고 말하면 지옥에 가나요? 예수님도 제자들에게 화를 내셨고 바울도 바나바와 다툰 적이 있지 않나요?

킹제임스 성경을 보면, 까닭 없이 자기 형제에게 노하는 사람은 심판의 위험에 처하며 자기 형제에게 라가라 하는 사람은 공회의 위험에 처하고 어리석은 자라고 하는 사람은 지옥 불의 위험에 처하게 된다고 기록되어 있습니다. '까닭 없이'라는 말과 '처할 수도 있다'라는 말이 눈에 띕니다. 따라서 **까닭 없이 형제에게 화를 내거나 모욕을 주면 그 행동에 상응하는 징계를 받을 수 있다는 뜻입니다.**

예수님이 왜 이런 말씀을 하셨을까요? 율법을 폐하러 온 것이 아니라 완전하게 하려고 오셨다는 사실을 강조하기 위해서입니다(마5:17). **예수님이 오기 전에는 직접 살인을 해야만 살인죄로 처벌을 받았으나 예수님은 형제에게 큰 상처를 준 것조차도 살인으로 보았습니다. 그리고 눈에 보이는 살인이든 보이지 않는 살인이든 살인은 마음에서 나오는 것이니 마음까지 정결해야 한다고 가르치신 것입니다.**

## 18 예수님은 왜 좁은 문으로 들어가라고 하셨나요?

어떤 사람이 예수님께 앞으로 구원받는 사람의 수가 많을지 아니면 적을지 물었습니다. 예수님은 좁은 문에 들어가도록 힘쓰라고 하시면서 많은 사람이 그 문에 들어가려고 하지만 일단 집주인이 문을 닫으면 문을 열어달라고 해도 열어주지 않는다고 말씀하셨습니다.

좁은 문은 무엇을 말할까요? 경건하고 도덕적인 삶을 말할까요? 예수님이 좁은 문입니다. 예수님은 자신이 문이며 누구든지 나를 통해서 들어가야만 구원을 받는다고 말씀하셨습니다(요10:9).

집주인은 예수님이시며 집주인에게 문을 열어달라고 간청하는 사람은 유대인입니다. 유대인들은 예수님의 가르침을 직접 보고 들었으나 대부분 예수님을 구주로 영접하지 않았습니다.

예수님은 유대인들에게 나와 같이 먹고 마시며 나의 가르침을 들었다고 해서 구원받는 것이 아니라 나를 진심으로 구주로 영접해야 구원받는다는 사실을 가르쳐주셨습니다.

예수님은 나중 된 자로서 먼저 되고 먼저 된 자로서 나중 된다는 말씀을 해주셨는데(마20:16), 이 말씀은 누구에게 해당하는 말씀일까요? 먼저 된 자로 나중 되는 자는 유대인을 말하며, 나중 된 자로 먼저 될 자는 예수님을 구주로 영접할 이방인을 말합니다. 나중에 예수님을 믿은 사람이 먼저 믿은 사람보다 믿음이 좋다는 뜻이 아닙니다.

## 19 새 포도주는 왜 새 부대에 넣어야 하나요?

바리새인이나 서기관 같은 종교 지도자들은 예수님을 따라다니면서 예수님과 제자들의 행동을 지적하였습니다. 예수님과 제자들이 안식일도 안 지키고, 금식도 안 하고, 죄인들과 식사를 하는 등 율법을 어기고 있다며 비난했습니다.

예수님은 그들에게 새 천 조각을 낡은 옷에 붙이는 자가 없다고 하시며 그렇게 하면 새 천 조각이 그 옷을 당겨 찢어진다고 하셨습니다. 또 새 포도주를 낡은 가죽 부대에 넣지 않는다고 하시면서 그렇게 하면 부대가 터져 포도주도 쏟아지고 부대도 버리게 된다고 말씀하셨습니다(마9:16-17).

**새 천 조각과 새 포도주는 예수님이 전하는 복음입니다.** 이 복음은 율법이 아닌 믿음으로 구원을 받는 것입니다. **낡은 옷과 낡은 가죽 부대는 율법주의를 말합니다.** 율법을 지켜서 행위로 구원을 받으려는 생각입니다.

복음은 믿음과 은혜를 강조하지만 율법은 행위를 강조합니다. 새 포도주는 새 부대에 담아야 합니다. 복음을 율법에 담으면 율법이 복음을 감당하지 못합니다. **새 부대는 성령님의 인도를 받는 새 마음입니다. 복음은 성령님의 인도를 받는 새 마음에 담아야 합니다.**

## 20 예수님은 세상에 검을 주러 오셨나요?

예수님은 제자들에게 내가 세상에 화평을 주러 온 줄로 생각하지 말라고 하시면서 화평이 아니라 검을 주러 왔다고 말씀하셨습니다(마10:34). 예수님이 검 즉 칼을 주러 오셨다는 말은 무슨 뜻인가요? 예수님은 평화를 주시기 위해 오시지 않았나요? 예수님이 탄생하실 때 천사들이 지극히 높은 곳에서는 하나님께 영광이요 땅에서는 하나님이 기뻐하신 사람 중에 평화라고 말하지 않았나요?

하지만 예수님의 초림 때 세상에 평화가 있었나요? 종교 지도자와의 갈등, 예수님을 메시아로 받아들이지 않은 자들과의 갈등으로 결국 예수님은 십자가에서 돌아가셨습니다. 그럼 초대교회 때 세상에 평화가 있었나요? 유대교와 기독교 간의 갈등, 로마 황제와 기독교 간의 갈등으로 학살과 핍박이 심했었지요. 그 후로도 로마가톨릭과 기독교 간의 갈등으로 수많은 사람이 죽었고 이슬람교와 기독교는 지금도 갈등이 심합니다.

예수님의 초림 때부터 지금까지 세상에는 왜 평화가 없는 걸까요? 먼저 하나님께 영광을 돌리지 않기 때문에 땅에서 평화가 없는 것입니다. **예수님을 왕으로 인정하고 섬기지 않았으며, 지금도 섬기지 않으므로 세상에 평화가 없습니다.** 예수님도 그 사실을 아셨으므로 화평이 아닌 칼을 주러 왔다고 말씀하신 것입니다. **그렇다면 언제 세상에 화평이 올까요? 바로 예수님이 재림하시는 때입니다.**

## 21 천국이 침노를 당한다는 말은 무슨 뜻인가요?

예수님은 세례 요한의 때부터 지금까지 천국은 침노를 당하나니 침노하는 자는 빼앗는다고 말씀하셨습니다(마11:12). 이와 비슷한 말씀이 있는데 예수님은 율법과 선지자는 요한의 때까지요 그 후부터는 하나님 나라의 복음이 전파되어 사람마다 그리로 침입한다고 말씀하셨습니다(눅16:16).

누가복음 말씀은 쉽게 이해가 됩니다. 요한이 마지막 선지자이며 예수님의 복음을 듣고 많은 사람이 하나님 나라에 들어가고 있기 때문입니다. 그렇다면 마태복음도 누가복음과 같은 의미일까요?

침노한다는 말은 남의 나라에 쳐들어가서 약탈한다는 뜻입니다. 복음을 들은 사람들이 천국에 침입해서 약탈한다? 적합하지 않은 표현입니다. 그렇다면 누가 천국에 들어가서 약탈한다는 말인가요?

마태복음 11장에서 말하는 천국은 눈에 보이지 않는 하늘나라가 아니라 예수님이 실제 사셨던 이 세상을 말합니다. **예수님이 곧 하나님이시므로 예수님이 사셨던 이 세상이 당시 천국이었다는 말입니다. 천국의 왕은 예수님이신데 그 천국을 강제로 빼앗으려는 자들이 있었습니다. 바로 제사장, 서기관, 바리새인 같은 종교 지도자들입니다.** 그들은 예수님을 내쫓고 예수님의 자리를 차지하려고 했습니다.

**생각해 보세요**

포도원 농부의 비유에서 포도원 주인의 아들과 농부는 각각 누구를 비유하나요? (막12:1-9)

## 22 수고하고 무거운 짐이란 무엇인가요?

예수님은 수고하고 무거운 짐 진 자들에게 다 내게로 오라고 하시면서 내가 너희를 쉬도록 해 주겠다고 말씀하셨습니다. 또한 나는 마음이 온유하고 겸손하니 나의 멍에를 메고 내게 배우면 너희 마음이 쉼을 얻으리니 이는 내 멍에는 쉽고 내 짐은 가볍기 때문이라고 하셨습니다(마11:28-30).

예수님이 말씀하신 무거운 짐은 무엇을 말할까요? 유대인들이 예수님을 갓 믿은 이방인들에게 할례와 모세의 율법을 지키도록 요구하자 사도와 장로들이 예루살렘에 모여 이 문제를 논의했습니다. 그 결과 이방인들에게 꼭 필요한 것 외에는 아무 짐도 지우지 않기로 했습니다(행15:28).

예수님은 서기관과 바리새인들이 무거운 짐을 묶어 사람의 어깨에 지우되 자기들은 이것을 한 손가락으로도 움직이려 하지 않는다면서 그들을 책망하셨습니다(마23:4). 따라서 **무거운 짐은 사람들에게 지키라고 강요하는 율법, 규칙, 전통, 죄책감 등을 말합니다. 예수님은 이런 무거운 짐을 내려놓을 수 있도록 우리에게 자유를 주셨습니다.**

예수님의 짐이 가벼운 까닭은 우리를 정죄하거나 억압하거나 강요하지 않기 때문입니다. 그 짐을 맡기신 예수님이 온유하고 겸손한 분이기 때문입니다. 또한 그 짐을 성령님을 통해 우리와 함께 짊어져 주시기 때문에 가벼운 것입니다.

## 23 천국의 비밀이 허락되지 않은 사람은 누구인가요?

제자들이 예수님께 사람들에게 왜 비유로 말씀하시냐고 물었습니다. 예수님은 천국의 비밀을 너희에게는 알도록 허락되었으나 그들에게는 허락되지 않았기 때문이라고 대답하셨습니다(마13:10-11).

천국의 비밀을 알도록 허락된 사람은 누구이며 허락되지 않은 사람은 누구일까요? 그것을 알려면 먼저 천국이 비밀이 무엇인지 알아야 합니다. 우리는 예수님을 구주로 영접해야 천국에 갈 수 있다는 사실을 알고 있습니다. 이것이 천국의 비밀입니다. 그런데 당연한 사실이 왜 비밀인가요?

당시 유대인들은 천국은 메시아가 이 땅에 내려와 로마 제국을 누르고 세우는 왕국이라고 생각했습니다. 영적 세계에 무지했습니다. 예수님이 우리 죄를 대신하여 십자가에 못 박혀 죽으시고 그런 예수님을 구주로 영접하면 유대인뿐만 아니라 이방인도 구원받는 사실을 어떻게 알 수 있겠습니까? 제자들도 예수님이 부활하신 뒤 한참 뒤에야 알 수 있었습니다. 그러니 당시에는 비밀 곧 신비였죠.

천국의 비밀을 알도록 허락된 사람은 예수님의 제자들과 지금 우리 그리스도인입니다. 허락되지 않은 사람은 예수님을 메시아로 인정하지 않았던 당시 유대인들입니다. 그들은 예수님의 말씀을 들어도 깨닫지 못하고 보아도 알지 못했습니다(마13:14). 그러니 예수님은 제자들과 후세 그리스도인들을 위해 비유로 말씀해 주신 것입니다.

## 24 부자는 천국에 들어가지 못하나요?

예수님은 부자가 천국에 들어가는 것은 낙타가 바늘귀를 통과하기보다 어렵다고 말씀하셨습니다(마19:23-24). 여기서 부자는 비유가 아니라 실제로 부유한 사람을 말합니다. 부자가 천국에 들어가기 힘든 까닭은 무엇인가요? 그들은 재물이 넉넉하여 하나님을 찾을 생각을 안 합니다.

제자들이 예수님의 말씀에 놀라서 그러면 누가 구원을 얻을 수 있는지 물었습니다. 제자들도 부자가 되고 싶었던 마음이 있었던 것 같습니다. 어쩌면 모든 인간의 본성인지도 모릅니다.

예수님은 사람은 할 수 없으나 하나님은 다 하실 수 있다고 말씀하셨습니다(마19:26). 이 말씀은 **부자가 천국에 들어가기 힘든 것은 사실이지만 천국에 들어가는 기준은 재산의 많고 적음이 아니라 하나님의 은혜로 들어가기 때문에 부자도 천국에 들어갈 수 있다는 뜻입니다.**

**생각해 보세요**

하나님은 부자들에게 소망을 어디에 두라고 말씀하실까요? (딤전6:17)

## 25 주님의 이름만 부르면 천국에 들어갈 수 있나요?

예수님은 '주여, 주여.'라고 부르는 자마다 다 천국에 들어가는 것이 아니라 하늘에 계신 내 아버지의 뜻대로 행하는 사람이 들어간다고 말씀하셨습니다 (마7:21).

이 말씀은 행위로 구원받는다는 뜻이 아닙니다. 누구든지 행위로 구원받을 수 없습니다. 예수님을 구주로 영접한 사람만이 구원을 받습니다. 그렇다면 '주여, 주여.'라고 부르는 사람은 예수님을 구주로 영접한 사람이 아닌가요? 마귀도 하나님께 '주여'라고 부릅니다. 그러나 마귀는 하나님의 뜻대로 행하지 않습니다. 마귀가 하나님과 이웃을 사랑하는 모습을 보았습니까?

'주여'라고 부르면서 마귀를 쫓아내고, 선지자 노릇을 하고, 많은 권능을 행해도 그가 하나님을 모르고 하나님의 뜻대로 행하지 않는다면 하나님과 아무 상관도 없는 사람이며 오히려 불법을 저질렀기 때문에 하나님의 심판을 받습니다. 불법은 하나님의 뜻대로 하지 않거나, 하나님의 뜻이 아닌데도 하는 것을 말합니다.

예수님은 단순히 하나님을 부르는 것만으로는 구원을 받지 못한다고 말씀하신 것입니다. '주여'라는 말을 부를 수 있는 사람은 마음으로 하나님이 나의 주인이라고 인정하며, 하나님의 말씀을 믿으며, 하나님의 명령을 지키려고 노력하는 사람이어야 합니다. 그런 사람은 열매를 맺습니다. 그리고 반석이신 예수님을 마음의 주인으로 모셨기 때문에 어떤 환난이 와도 마음이 무너지지 않습니다.

## 26 행함이 없는 믿음은 죽은 믿음인가요?

야고보서 2장 17절에 행함이 없는 믿음은 그 자체가 죽은 것이라고 하였습니다. 반면 로마서 1장 17절을 보면 오직 의인은 믿음으로 말미암아 산다고 하였습니다. 둘 중 어떤 말이 맞나요?

기독교 교리의 핵심은 믿음으로 의인이 되고 믿음으로 구원을 받는 것입니다. 행위로 구원을 받는다고 말하면 그것은 이단입니다. 그렇다면 행함이 없는 믿음은 죽었다는 말은 무슨 뜻입니까?

단순히 지식으로 믿는 것, 기적을 보고 믿는 것, 순간적인 감정에 치우쳐서 믿는 것은 모두 믿음이 아닙니다. 마음으로 하나님이 나의 주인이라고 인정하며, 하나님의 말씀을 믿으며, 하나님의 명령을 지키려는 믿음이 구원에 이르는 믿음입니다. 그리고 그 믿음을 하나님이 보시고 의롭다고 인정해야 비로소 하나님의 양자가 되고 구원을 받습니다.

구원받은 사람은 성령님이 그 안에 계십니다. 그래서 성령의 열매를 맺습니다. 사랑, 자비, 양선, 온유, 충성, 절제 등이 그 열매이며 야고보서에 나오는 행함이라고 볼 수 있습니다.

야고보서를 기록할 당시 그리스도인은 유대인들이었습니다. 아직 복음이 이방인에게 전해지지 않은 시점이었습니다. 예수님을 갓 영접한 유대인 중에 예수님만 믿으면 아무렇게나 살아도 구원받는다고 생각하는 사람들이 있었습니다. 그런 사람들에게 야고보가 경고의 메시지를 주기 위해 기록한 것입니다.

## 27 예수님께 요한의 세례에 관해 질문한 의도는 무엇인가요?

예수님께서 성전에서 사람들을 가르치시고 복음을 전파하실 때 제사장들과 서기관들과 장로들이 와서 예수님께 무슨 권위로 이런 일을 하는지 말하라고 하였습니다. 예수님은 그들의 질문에 즉답하지 않으시고 요한의 세례가 하늘로부터 왔는지 사람에게서 왔는지를 반문하셨습니다.

그들이 서로 의논하기를 만일 하늘에서 왔다고 하면 왜 믿지 않았느냐고 할 것이고, 사람에게서 왔다고 하면 백성이 요한을 선지자로 믿고 있으므로 자기들을 돌로 칠 것이라고 했습니다. 결국 요한의 세례가 어디에서 온 것인지 말할 수 없다고 하자 예수님도 무슨 권위로 이런 일을 하는지 나도 말하지 않겠다고 말씀하셨습니다.

예수님은 왜 그들의 질문에 답하지 않으셨을까요? 어떤 대답을 하든지 어차피 그들은 믿지 않는다는 사실을 아셨기 때문입니다(눅22:67). 그들은 왜 예수님의 말씀을 믿지도 않으면서 계속 질문을 할까요? 예수님의 답변에 흠을 잡기 위해서입니다. **예수님의 말씀에는 권위가 있었습니다**(마7:29). **예수님이 곧 하나님의 말씀이기 때문입니다. 그러나 제사장들이나 서기관들, 장로들에게는 권위가 없었습니다. 그들은 오직 백성들의 마음을 자기들에게 돌리려고 예수님의 흠만 잡으려는 위선자들이었습니다.**

## 28 예수님께 세금에 관해 질문한 의도는 무엇인가요?

바리새인들과 서기관들이 예수님의 말씀을 흠잡아서 총독에게 넘기려고 정탐꾼을 보냈습니다. 그들은 예수님께 로마 황제에게 세금을 내는 것이 옳은지 옳지 않은지를 물었습니다. 예수님은 그들의 간계를 아시고 왜 시험하느냐고 하시면서 데나리온 한 닢을 내게 보이라고 하셨습니다. 예수님이 그들에게 동전에 누구의 형상과 글이 새겨 있느냐고 물으시자 그들이 가이사라고 대답하였습니다. 예수님은 가이사의 것은 가이사에게 하나님의 것은 하나님께 바치라고 말씀하셨습니다. 그들은 예수님의 대답에 놀라며 잠잠하였습니다.

**예수님이 가이사에게 세금을 내라고 하셨다면 유대인들이 예수님을 대적했을 것입니다. 왜냐하면 유대인들은 가이사를 왕으로 인정하지 않았습니다.** 그들은 유대인만이 왕이 될 수 있다고 생각하기 때문입니다(신17:15). 반대로 **예수님이 세금을 내지 말라고 말씀하셨다면 세금을 내지 말라고 선동했다는 혐의를 씌워 로마 총독에 고소할 참이었습니다.**

예수님이 가이사의 것은 가이사에게 주라고 하신 것은 세금을 내라는 말을 우회적으로 말씀하시면서 유대인들과 로마인들 누구라도 트집 잡지 못하도록 하신 것입니다. 모든 권세는 하나님으로부터 나왔으므로 각 사람은 위에 있는 권세에 복종해야 합니다(롬13:1). 그러므로 조세를 바쳐야 합니다(롬13:7). 단 모든 일에 무조건 다 복종하는 것이 아니라 하나님의 명령과 상반될 때는 반대해야 합니다(행4:19).

## 29 다윗과 그리스도는 어떤 관계인가요?

하나님은 그리스도가 다윗의 후손으로 태어난다고 알려주셨습니다(렘 23:5-6). 유대인들은 그리스도가 단순히 다윗의 후손으로 태어나 왕이 될 사람으로만 생각하였습니다. 하나님이 직접 인간의 몸으로 이 땅에 오신다는 생각을 전혀 하지 못했습니다. 그래서 예수님이 하나님의 아들이라고 선포하셨을 때 예수님을 죽이려고 했습니다.

예수님은 시편에서 다윗이 여호와(성부 하나님)께서 내 주(성자 하나님)께 말씀하시기를 내가 네 원수들을 네 발판으로 삼을 때까지 너는 나의 오른편에 앉아 있으라고 한 말을 인용하시면서(시110:1), 다윗이 그리스도를 주라고 불렀는데 어떻게 그리스도가 다윗의 아들이 되겠느냐고 말씀하셨습니다.

시편 말씀에서 나의 오른편에 앉아 있으라고 말씀하신 분은 성부 하나님이시고 그 말씀을 듣는 분 즉 오른편에 앉으실 분은 성자 하나님이신 예수님이십니다. 그리스도는 다윗의 계보를 따라 출생하였으나 인성과 함께 신성을 가지신 하나님의 아들이시며 곧 하나님이라는 사실을 종교 지도자들에게 알려 주신 것입니다.

## 30 하나님은 왜 안식일을 정하셨나요?

안식일이라는 말은 이스라엘 백성이 이집트를 탈출한 뒤 하나님이 광야에서 만나를 주실 때 처음 사용하였습니다. 이스라엘 백성들은 광야에서 먹을 것이 없었습니다. 땅이 척박하고 계속 이동해야 하므로 농사를 짓거나 가축을 기를 수도 없었습니다. 그래서 하나님은 그들에게 만나를 공급해 주셨습니다. 만나는 광야 생활 40년 동안 계속 주셨는데 여섯째 날에는 이틀 양식을 주시면서 일곱째 날에 안식하도록 하셨습니다(출16:29-30).

하나님은 모세에게 십계명을 주면서 안식일을 기억하여 거룩하게 지키라고 하셨습니다. 엿새 동안은 힘써 일하고 일곱째 날은 하나님의 안식일이므로 아무 일도 하지 말라고 명령하셨습니다(출20:8-10). 왜 그런 명령을 하셨을까요? **하나님은 이스라엘 백성에게 네가 이집트에서 종이었던 사실과 하나님이 강한 손과 편 팔로 거기서 너를 인도하여 낸 사실을 기억하도록 안식일을 지키라고 하셨습니다**(신5:15).

하나님은 이스라엘 백성들이 가나안 땅에 들어가면 탐욕을 부려 더 많은 것을 얻고 그것을 누리려 한다는 사실을 아셨습니다. 사실 가나안 땅에서 거두는 소출도 모두 하나님이 주신 것인데 자신들의 노력으로 얻은 것처럼 착각하는 것이지요. 그래서 **하나님은 이스라엘 백성들이 엿새를 일하고 하루를 쉬면서 광야에서 자기들을 먹여 살리신 하나님의 은혜를 기억하기를 바라셨습니다.** 그것이 다른 민족과 구별된 모습이지요. 이스라엘이 안식일에 일하지 않더라도 하나님께 복을 받는 모습을 보고 모든 민족이 하나님을 섬기기를 바라셨습니다.

## 31 예수님은 안식일에 관해 어떤 가르침을 주셨나요?

예수님은 바리새인이나 서기관들과 안식일에 대해 많은 논쟁을 하셨습니다. 예수님의 제자들이 안식일에 곡식밭에서 이삭을 먹는 모습을 본 바리새인들은 예수님이 안식일에 해서는 안 되는 일을 했다며 비난했습니다. 예수님은 다윗이 제사장들만 먹는 진설병을 먹었고 제사장들도 안식일에 성전에서 일을 해도 죄가 되지 않는다는 점을 말씀하시면서 자신이 성전보다 더 위대한 안식일의 주인이라고 하셨습니다. 예수님이 안식일의 주인이라는 말은 안식일을 만든 분이 예수님이시며 예수님을 믿고 구원을 받아야 참 안식을 얻는다는 의미입니다.

바리새인들은 예수님이 병자를 고쳐 주시자 안식일에 병 고치는 일이 타당한지 예수님께 물었습니다. 예수님은 양 한 마리가 구덩이에 빠지면 안식일이라도 구해 주듯이 사람이 양보다 더 귀하므로 안식일에 선을 행하는 일이 타당하다고 말씀하셨습니다.

하나님이 안식일을 주신 까닭은 사람을 쉬도록 배려해 주시면서 하나님의 주권을 인정하고 감사하는 시간을 갖도록 하기 위해서입니다. 그러나 바리새인들은 안식일에 아무 일도 하지 말라는 말에만 집착하여 백성들에게 아무것도 하지 말라고 강요했습니다. 안식일을 억압하는 날로 만들었습니다. 예수님은 안식일의 참뜻을 알려 주시면서 안식일에 선을 행하는 것은 안식일을 어기는 것이 아니라고 가르쳐 주셨습니다.

## 32 예수님은 왜 종교 지도자들을 책망하셨나요?

복음서에 예수님과 종교 지도자들이 대립하는 모습을 많이 봅니다. 예수님은 왜 그렇게 종교 지도자들을 싫어하셨을까요? 그들은 하나님과 율법을 잘 몰랐습니다. **율법은 사랑이 있어야 온전히 지킬 수 있습니다. 율법을 요약하면 하나님 사랑과 이웃 사랑이기 때문입니다. 그러나 그들에게는 사랑이 없었습니다.** 그들은 권위를 높이려고 율법에도 없는 더 많은 금지 조항을 만들어 하나님이 주신 율법과 똑같이 지키도록 강요하였습니다.

예수님은 제자들에게 바리새인과 서기관들을 조심하라고 말씀하시면서 그들은 긴 옷을 입는 것과 시장에서 인사받는 것과 회당과 잔치에서 가장 높은 자리에 앉는 것을 좋아하고, 과부들의 집을 삼키며, 남들에게 보이고자 길게 기도하므로 더 큰 저주를 받는다고 하셨습니다.

## 33 성령을 모독하면 용서받지 못하나요?

예수님은 누구든지 인자를 거역하는 말을 하는 사람은 용서받으나 성령을 모독하는 자는 용서받지 못한다고 말씀하셨습니다(눅12:10). 그렇다면 성령 모독죄가 무엇이길래 용서받지 못한다는 말씀인가요?

해답은 마가복음 3장 22절에서 30절까지 보면 알 수 있습니다. 예수님은 병자를 고치시고 마귀들을 쫓아내셨습니다. 그러자 서기관들은 예수님이 마귀들의 통치자인 바알세불의 힘을 빌려서 이런 기적을 행한다고 조롱하였습니다. 예수님은 내가 바알세불의 힘을 빌려서 이 일을 한다면 왜 같은 편인 마귀를 쫓아내겠느냐고 반박하셨습니다.

그리고 그들에게 성령을 모독하였으므로 영원히 용서받지 못한다고 하셨습니다. 그들은 성령을 어떻게 모독했나요? 30절을 보면 그들은 예수님이 더러운 영을 가졌다고 주장했습니다. 즉 **성령 모독죄는 예수님이 더러운 영에 들렸다고 믿고 말하는 죄입니다.**

**성령 모독죄는 지금 그리스도인에게 해당하는 죄가 아닙니다. 당시 예수님에게 더러운 영이 들렸다고 말하고 다니면서 예수님과 성령님의 능력을 조롱한 서기관들에게 적용되는 죄입니다.**

## 34 바리새인과 서기관의 의보다 뛰어나야 천국에 가나요?

예수님은 너희 의가 바리새인과 서기관보다 더 낫지 못하면 결코 천국에 들어가지 못한다고 말씀하셨습니다(마5:20). 바리새인과 서기관의 의는 무엇을 말할까요? 비록 형식적이지만 율법을 철저하게 지키는 행위를 말합니다. 그렇다면 예수님은 바리새인과 서기관보다 율법을 더 잘 지켜야 천국에 갈 수 있다고 말씀하신 건가요?

지금 시대는 예수님을 구주로 영접하면 천국에 갈 수 있습니다. 하지만 그 약속은 예수님이 십자가에서 우리 죄를 대신해서 희생하셔야만 적용이 됩니다. 예수님이 십자가에서 돌아가시기 전에는 구약시대이기 때문입니다.

**예수님은 유대인들을 대상으로 이 말씀을 하셨습니다. 지금 그리스도인에게 하신 말씀이 아닙니다.** 당시 많은 유대인들이 바리새인이나 서기관들이 지키는 율법조차 지키지 않았습니다. 바리새인이나 서기관들이 의로워서 천국에 간다는 뜻은 아닙니다. **형식적이나마 율법을 지키는 바리새인이나 서기관들도 천국에 가기 힘든데 율법을 지키지 않는 너희들이 과연 천국에 갈 수 있겠느냐며 질책하신 것입니다.**

지금 시대를 예로 들면 불신자들이 위선적인 기독교인들을 비판하는 경우가 있는데, 과연 불신자들이 위선적인 기독교인들보다 천국에 들어갈 가능성이 큰가요? 아닙니다. 위선적인 기독교인들은 천국에 갈 수도 있으나 불신자들은 절대 천국에 갈 수 없습니다.

## 35 예수님은 베드로에게 왜 성전세를 내라고 하셨나요?

성전세를 거두는 자들이 베드로에게 와서 예수님은 왜 세금을 내지 않느냐고 물었습니다. 성전세는 성전을 유지하고 보수하기 위해 걷었습니다. 백성이 왕에게 세금을 내라고 한다면 정말 어이없는 일입니다. 하나님의 아들이신 예수님에게 성전세를 내라고 하는 것은 말이 안 됩니다. 항공사 사장 아들에게 비행기 승차권을 요구할 수 있나요?

**예수님은 그들을 실족시키지 않으려고 베드로에게 물고기를 잡아 그 입에서 동전을 가져다가 성전세를 내라고 하셨습니다.**

성전세를 거두는 사람은 예수님이 하나님의 아들이시므로 성전세를 낼 필요가 없다는 사실을 깨닫지 못했습니다. 예수님이 성전세를 내지 않으셨다면 그들은 하나님의 말씀을 가르치는 사람도 성전세를 내지 않는데 누가 성전세를 내겠느냐며 불만을 가졌을 것입니다. **실족한다는 말은 오해나 유혹 등으로 잘못된 행동을 한다는 뜻인데, 예수님은 그들이 예수님의 행동을 오해하여 예수님과 제자들을 대적하는 행동을 하지 않도록 성전세를 내셨습니다.**

## 36 마귀들이 돼지에게 들어간 까닭은 무엇인가요?

예수님은 거라사 지방에서 오랫동안 마귀들에게 사로잡힌 두 사람을 만났습니다. 그들은 무덤에서 지내고 있었는데 쇠사슬이나 족쇄로 묶어도 끊고 부수었기 때문에 아무도 다루지 못했습니다. 그들은 산이나 무덤에서 울부짖으며 돌로 자기 몸에 상처 내고 있었습니다(막5:1-17).

그들이 예수님을 보고 달려와 "지극히 높은 하나님의 아들 예수시여, 간청하오니 나를 괴롭히지 마소서"라고 외쳤습니다. 예수님이 그들에게 이름이 무엇이냐고 묻자 그들은 군대라고 대답하였습니다. 마귀들이 자기들의 이름을 군대라고 말한 까닭은 그 사람 안에 많은 수의 마귀들이 들어 있었기 때문입니다.

마귀들은 예수님께 깊은 곳에 들어가라는 명령만은 내리지 말라고 간청했습니다. 대신 돼지 떼에게 들어가게 해달라고 부탁했습니다. 마귀들이 가기 싫어 한 깊은 곳은 어디를 말할까요? 지옥을 말합니다. 마귀들도 지옥에 가기 싫어한다는 사실을 알 수 있습니다.

예수님이 마귀들의 요청을 들어주시자 그 더러운 영들이 사람에게서 나와 돼지 떼에 들어갔습니다. 그러자 돼지 떼 약 이천 마리가 바다로 들어가서 빠져 죽었습니다. 마귀들이 왜 돼지 떼에 들어가게 해달라고 했을까요? 그 지방을 떠나기 싫어서 돼지에게라도 들어가고 싶었기 때문입니다(막5:10). 왜냐하면 마귀들도 자신들이 활동하는 영역이 있기 때문입니다.

## 37 예수님은 야이로의 딸이 죽었는데 왜 잔다고 하셨나요?

회당장 야이로에게 열두 살 된 외동딸이 있었습니다. 그러나 그 아이는 죽어가고 있었습니다. 야이로는 예수님을 찾아와 자기 집으로 와서 자기 딸이 살아날 수 있도록 안수해 달라고 부탁하였습니다. 그러나 예수님이 야이로의 집에 가시는 중에 딸은 죽고 말았습니다.

야이로의 집에 도착하셨을 때 사람들이 울고 크게 통곡하는 모습을 보시고 예수님은 아이가 죽은 것이 아니라 잔다고 말씀하셨습니다. 예수님의 말을 듣고 모두 비웃었습니다. 예수님은 소녀가 누워 있는 곳에 들어가셔서 소녀의 손을 잡으시고 "달리다굼(소녀야, 일어나라)"이라고 하시자 소녀는 즉시 일어나 걸었습니다.

야이로의 딸은 분명히 죽었는데 예수님은 왜 잔다고 말씀하셨나요? **사람은 육신이 죽으면 모든 것이 끝났다고 생각합니다. 그러나 하나님이 볼 때 육신의 죽음은 아무것도 아닙니다. 영과 혼은 불멸하기 때문입니다.**

다니엘서 12장 2절에 자는 자 중에 많은 사람이 깨어나 영생을 받는 자도 있겠고 수치를 당하여서 영원히 부끄러움을 당할 자도 있다고 했습니다. **인간은 육체의 죽음으로 끝나는 것이 아니라 깨어나서 천국에서 영원히 살거나 수치를 당하고 지옥에서 영원히 고통을 받습니다. 그래서 예수님이 죽은 야이로의 딸이 잔다고 말씀하신 것입니다.**

## 38 혈루증 앓는 여자는 왜 예수님의 옷을 만졌나요?

혈루증은 월경 기간이 지났는데도 피가 멈추지 않고 계속 흐르는 병입니다. 예수님이 회당장 야이로의 집에 가시던 중이었습니다. 12년 동안 혈루증을 앓고 있는 여자가 무리 속에 들어와서 몰래 예수님의 옷을 만졌습니다.

여자는 왜 예수님의 옷을 만졌을까요? 그녀는 예수님의 옷만 만져도 자기 병이 낫게 된다고 믿었기 때문입니다. 예수님의 옷을 만지자마자 피가 멈추었고 병이 나았다는 사실을 느낄 수 있었습니다.

예수님은 자신에게서 능력이 나간 사실을 아시고 누가 옷을 만졌는지 물으셨습니다. 누가 옷을 만졌는지 몰라서 물으셨을까요? 예수님은 옷을 만진 사람을 알고 계셨습니다(막5:32).

그 여자는 두려워 떨며 주 앞에 엎드려 모든 사실을 고백했습니다. 예수님은 그 여인을 책망하지 않으시고 네 믿음이 너를 구원하였다고 칭찬해 주시며 평안히 가라고 말씀하셨습니다.

예수님이 그 여인에게 네 믿음이 너를 구원하였다고 말씀하셨습니다(눅8:48). 정말 여자는 병도 치료받고 구원도 받았을까요? 네 믿음이 너를 구원하였다는 말은 네 믿음이 너를 낫게 했다는 뜻입니다. 혼이 구원을 받았다는 뜻이 아닙니다.

## 39 예수님은 수로보니게 여인을 왜 개로 비유하셨나요?

예수님은 두로와 시돈 경계 지역에 있는 어떤 집에 들어가셨습니다. 그곳에 더러운 영이 들린 어린 딸을 둔 수로보니게(수리아에 사는 페니키아인) 여인이 예수님의 소문을 듣고 왔습니다.

그녀는 엎드려 자기 딸에게서 마귀를 쫓아내 달라고 간구하였습니다. 예수님은 "나는 이스라엘 집의 잃어버린 양 외에는 다른 데로 보냄을 받지 아니하였다."라고 하시며 자녀가 먼저 배불리 먹어야 하므로 자녀의 빵을 개들에게 던져 줄 수 없다고 말씀하셨습니다.

예수님이 말씀하신 자녀와 개는 누구를 말하며 빵은 무엇을 의미할까요? **자녀는 이스라엘을 말하며**(마8:12), **개는 이방인을 말합니다**(시22:16). **빵은 예수님 자신이면서 생명의 말씀입니다**(요6:51).

여자는 예수님의 말씀이 옳다고 말하면서 하지만 개들도 제 주인(하나님)의 상에서 자녀들(이스라엘 백성)이 먹던 부스러기를 먹는다고 말하였습니다. 이 말은 **자신은 개**(이방인)**가 맞지만, 개의 주인도 하나님이시니 긍휼을 베풀어달라는 뜻입니다.**

예수님은 그녀에게 네 믿음이 크다고 칭찬하시면서 네 소원대로 마귀가 네 딸에게서 나갔다고 알려 주셨습니다. 그녀가 자존심을 버리면서까지 예수님께 끈질기게 매달린 까닭은 무엇일까요? **그녀는 예수님만이 구세주라는 사실을 믿었기 때문입니다.**

## 40 문둥병자들의 몸이 나은 까닭은 무엇인가요?

예수님이 사마리아와 갈릴리 사이를 지나가게 되었습니다. 어떤 마을에 문둥병자 열 명이 멀리서 예수님을 선생님이라고 부르며 자비를 베풀어 달라고 외쳤습니다. 예수님은 그들의 몸에 손도 대지 않으시고 바로 제사장에게 가서 몸을 보여주라고만 말씀하셨습니다.

예수님은 그들에게 왜 제사장에게 가서 몸을 보이라고 말씀하셨을까요? 율법에 제사장이 문둥병자를 살펴본 후 정결하다고 선언해야 다시 공동체 안으로 들어갈 수 있기 때문입니다(레14:2).

문둥병자들은 제사장이 자기들을 고쳐 준다고 믿은 것이 아닙니다. **병이 낫지도 않았는데 과감히 제사장에게 간 까닭은 제사장을 만나기 전에 예수님이 자기들을 고쳐 주실 것이라고 믿었기 때문입니다.** 그들은 제사장을 만나기도 전에 몸이 깨끗해졌습니다. **그들이 예수님을 믿었으므로 제사장에게 가는 중에 몸이 깨끗해진 것입니다.**

그러나 열 명의 문둥병자 중에 사마리아인 한 명만이 하나님께 영광을 돌리며 예수님께 와서 감사를 드렸습니다. 다른 사람들은 예수님께 감사를 드리지 않고 자기 길을 갔습니다. 예수님은 사마리아인에게 네 믿음이 너를 낫게 하였다고 칭찬하셨습니다. 신약에 사마리아인이 좋은 이미지로 많이 등장합니다. 그것은 이제 복음이 사마리아와 땅끝까지 전해진다는 사실을 미리 보여주신 것입니다.

## 41 예수님은 왜 병자들을 치료하셨나요?

예수님이 야이로의 집에서 나와 다른 곳으로 가실 때 두 소경이 "다윗의 자손이여, 우리를 불쌍히 여기소서."라고 소리 지르며 따라왔습니다. 성경에서 병자들이 예수님을 다윗의 자손이라고 부르는 까닭이 무엇인가요? 그들은 예수님을 다윗의 자손으로서 오실 메시아로 인정했습니다.

예수님께서 그들에게 "내가 이 일을 할 수 있다고 믿느냐?"라고 물으시자 그들이 "주여, 그러하옵니다."라고 대답하였습니다. 예수님이 그들의 눈을 만져 주시며 너의 믿음대로 되라고 하시니 그들의 눈이 떠졌습니다. 예수님께서 병자들을 고쳐 주신 까닭은 무엇일까요? 예수님은 병자를 불쌍히 여겨 고쳐 주셨습니다(눅7:13). 또한 유대인들은 표적을 봐야 믿기 때문에 병 고치는 능력을 보여주신 것입니다(요4:48). 사사 시대 기드온도 표적을 요구한 사건을 기억하시죠? 유대인들은 표적을 좋아합니다.

예수님은 병을 고쳐 주시려고 이 땅에 오신 것이 아닙니다. 인류를 구원하시기 위해 오셨습니다. 예수님이 하나님의 아들이라는 사실을 믿도록 사람들에게 병 고쳐 주는 표적을 보여주신 것뿐입니다.

예수님은 그들에게 아무도 모르게 하라고 당부하셨습니다. 왜 그런 당부를 하셨을까요? 예수님이 기적을 행할수록 종교 지도자들이 예수님을 죽이려고 했으므로 그들과 대립을 피하기 위해서입니다. 아직은 십자가에서 죽으실 때가 아니기 때문입니다.

## 42 마리아는 왜 예수님께 향유를 부어드렸나요?

예수님이 십자가에서 돌아가시기 며칠 전에 예수님은 베다니에 사는 문둥병자 시몬의 집을 방문하셨습니다. 그때 마르다는 시중을 들고 나사로는 예수님과 함께 식탁에 앉아 있었습니다. 갑자기 마르다의 동생 마리아가 매우 값진 감송향유 한 리트라를 가지고 와서 예수님의 발에 붓고 자기의 머리카락으로 예수님의 발을 닦았습니다.

마리아는 왜 예수님께 향유를 부어 드렸을까요? 예수님은 마리아가 나의 장례 날을 위해 이것을 간직해 두었다며 칭찬하셨습니다. 그리고 가난한 사람들은 항상 너희와 함께 있으나 나는 항상 너희와 함께 있지는 않는다고 말씀하셨습니다.

마리아는 예수님이 곧 죽는다는 사실을 알고 있었습니다. 그래서 예수님 말씀대로 장례 날을 위해 향유를 간직하고 있다가 미리 부어 드린 것입니다. 예수님이 죽지도 않으셨는데 왜 향유를 미리 부어드렸을까요? 그 이유는 예수님이 죽은 후 부활하신다는 사실을 알았기 때문입니다. 그 사실을 몰랐던 막달라 마리아는 예수님이 돌아가신 지 삼 일 후에 향유를 가지고 무덤에 갔지만 사용하지 못하고 돌아왔습니다.

마리아는 예수님의 부활을 어떻게 알았을까요? 그리고 마르다는 왜 몰랐을까요? 마르다는 예수님 말씀보다 음식 장만에 관심이 있었으나 마리아는 예수님의 말씀에 더 관심이 있었기 때문입니다.

## 43 예수님이 베드로에게 주신 천국의 열쇠는 무엇인가요?

예수님은 베드로에게 내가 이 반석 위에 내 교회를 세우리니 지옥의 권세가 이기지 못한다고 하신 후 내가 천국 열쇠를 네게 주리니 네가 땅에서 무엇이든지 매면 하늘에서도 매일 것이요 네가 땅에서 무엇이든지 풀면 하늘에서도 풀린다고 말씀하셨습니다(마16:18-19). 여기서 천국 열쇠는 무엇을 말하나요?

로마가톨릭은 베드로가 예수님으로부터 실제 천국 문을 여는 권세를 부여받았다고 여기며 그를 초대 교황으로 추대하는 근거로 삼습니다. 하지만 **예수님이 베드로에게 주신 천국 열쇠는 천국에 들어가는 권한을 말하는 것이 아니라 복음을 말합니다.**

사도 바울은 선교여행에서 돌아와 하나님이 이방인들에게 믿음의 문을 여신 사실을 증언했습니다(행14:27). **베드로가 받은 열쇠는 사람들에게 믿음의 문을 열어주는 복음을 뜻합니다. 예수님이 승천하신 뒤 베드로는 이 천국 열쇠로 수많은 사람에게 복음을 전했습니다.**

예수님이 이 반석 위에 내 교회를 세운다고 말씀하셨는데 여기서 반석은 누구를 말할까요? 반석은 베드로를 말하는 것이 아닙니다. 성경에서 반석은 항상 예수님을 가리킵니다(고전10:4).

## 44 예수님은 왜 무화과나무를 저주하셨나요?

예수님과 제자들이 예루살렘에 들어가려고 베다니에서 나왔을 때 예수님께서 시장기를 느끼셨습니다. 멀리서 길가에 잎사귀 있는 한 무화과나무를 보시고 혹 그 나무에 무엇이 있을까 하여 가셨으나 무화과 때가 아니므로 잎사귀 외에 아무것도 없었습니다. 예수님은 이제부터 영원히 사람이 네게서 열매를 따 먹지 못한다고 말씀하셨습니다.

예수님이 무화과나무를 저주하신 까닭은 무엇인가요? 열매를 얻지 못해 화가 나셨기 때문일까요? 이 일은 예수님이 십자가에서 돌아가시기 며칠 전에 일어난 일인데 그렇게 중요한 시점에 왜 무화과나무가 등장했을까요?

무화과나무는 이스라엘을 상징합니다. 하나님은 이스라엘을 책망하시며 무화과나무에 무화과가 없고 잎은 시들며 그들에게 주었던 것들은 없어진다고 예언하셨습니다(렘8:13). 결국 열매를 맺지 못한 이스라엘 백성을 버리시겠다는 뜻입니다.

예수님은 하나님의 말씀에 순종하지 않고 그 말씀을 전하러 온 자신을 십자가에 못 박아 죽이려는 유대인들에게 너희들이 열매를 맺지 못했으니 곧 버림을 받는다고 말씀하신 것입니다. 예수님께서 부활하신 뒤 약 40년 후에 예루살렘은 완전히 파괴되고 유대인들은 전 세계로 흩어졌습니다.

## 45 예수님이 예루살렘 성을 보고 우신 까닭은 무엇인가요?

예수님은 예루살렘 도성을 가까이서 보시고 우시며 너도 오늘 평화에 관한 일을 알았더라면 좋았으련만 지금 네 눈에 감추어졌다고 말씀하셨습니다(눅19:42). 무엇이 감추어졌다는 말씀인가요? 예수님이 십자가에 달리신 사건을 말할까요? 계속해서 예수님은 네 원수들이 흙으로 언덕을 쌓고 너를 둘러 사면으로 가두고 또 너와 네 자식들을 땅에 메어치며 돌 하나도 돌 위에 남기지 아니한다고 말씀하셨습니다(눅19:42-44).

예수님이 말씀하신 사건은 A.D.70년에 일어납니다. 예수님이 돌아가시고 40년 정도 지난 시점이지요. 유대인들은 로마에 반란을 일으켰고 로마는 예루살렘을 함락한 뒤 도시와 성전을 완전히 파괴했습니다. 지금 남아있는 통곡의 벽만 제외하고 모두 파괴했습니다. 그리고 유대인들을 포로로 끌고 갔습니다. 이후로 유대인들은 1948년 이스라엘을 건국할 때까지 전 세계로 흩어졌습니다. 전 세계로 흩어진 유대인들은 자신들의 종교와 관습을 유지하며 살았는데 이들을 '디아스포라'라고 합니다.

예루살렘과 성전이 파괴된 까닭은 무엇인가요? 유대인들이 예수님을 거부했기 때문입니다. 예수님을 유대인의 왕으로 인정했다면 그들은 망하지도 않았고 흩어지지도 않았을 것입니다.

## 46 예수님은 제자들에게 왜 칼을 준비하라고 하셨나요?

예수님은 제자들에게 전대(돈지갑)와 배낭(식량 주머니)과 신발도 없이 너희들을 보낼 때 부족함이 없었다고 말씀하시면서 이제는 돈지갑과 식량 주머니와 칼을 갖추라고 하셨습니다. 또 성경에 불법자의 동류로 여김을 받았다 한 말이 이루어져야 한다고 하셨습니다. 베드로가 칼 두 자루를 예수님께 보여주자 충분하다고 대답하셨습니다. 예수님은 십자가에서 돌아가시기 전날에 이 말씀을 하셨습니다.

예수님은 제자들에게 왜 칼까지 준비하라고 하셨을까요? 다른 사람과 싸우라는 뜻인가요? 예수님은 전에는 제자들을 유대인들에게만 파송하였습니다(마10:6). 예수님도 유대인들에게만 복음을 전하셨습니다. 그러나 유대인들은 예수님을 메시아로 인정하지 않았습니다.

이제 예수님이 승천하신 후에는 제자들은 이방인들에까지 복음을 전해야 합니다. 더군다나 이방인들에게 복음을 전하면서 유대인들에게 핍박까지 받습니다. 불법자의 동류로 여김을 받았다는 말은 예수님께서 범죄자로 취급받는다는 뜻입니다(사53:12). 예수님이 범죄자로 취급받으니 당연히 제자들도 범죄자로 취급받게 되겠지요.

예수님은 제자들에게 더욱더 철저한 준비가 필요하다는 점을 강조하시려고 이 말씀을 하셨습니다. 예수님은 칼을 보호용으로 지니고 있으라고 말씀하셨으나 베드로는 공격용으로 잘못 이해하여 예수님을 잡으러 온 무리를 향해 칼을 휘둘렀습니다.

## 47 예수님이 가룟 유다에게 사탄이 들어가도록 하셨나요?

예수님은 제자들과 다락방에서 마지막 만찬을 하시면서 빵 한 조각을 적셔 가룟 유다에게 주시자 사탄이 가룟 유다에게 들어갔습니다. 예수님은 그에게 네가 하는 일을 속히 하라고 말씀하셨습니다(요13:26-27). 예수님이 가룟 유다에게 사탄이 들어가도록 하셨나요? 그렇지 않습니다. 예수님은 가룟 유다를 이미 마귀라고 부르셨습니다(요6:70). 사탄은 오래전부터 가룟 유다에게 들락거렸습니다.

가룟 유다는 왜 예수님의 제자가 되려고 했나요? 예수님이 왕이 되시면 세상의 권세와 부귀를 누리려고 했습니다. 그러나 자기 뜻대로 되지 않자 돈궤를 맡으면서 돈을 빼돌리기 시작했습니다. 예수님은 그에게 회개할 기회를 수없이 주었을 것입니다. 그는 회개하지 않았고 결국엔 예수님을 팔겠다고 결심했습니다.

네가 하는 일을 속히 하라는 말은 네가 그 일을 꼭 하고 싶다면 네가 원하는 대로 하라는 뜻입니다. 예수님은 자신을 팔려는 가룟 유다의 의지가 확고하다는 사실을 아시고 그를 다락방에서 빨리 내보내려고 하셨습니다. 왜냐하면 곧 성찬식을 하려고 하는데 사탄에 사로잡힌 사람은 성찬식에 참여하면 안 되기 때문입니다.

예수님은 가룟 유다가 차라리 태어나지 않았더라면 좋았다고 말씀하셨습니다(막14:21). 왜 그런 말씀을 하셨을까요? 그는 지옥에 가기 때문에 차라리 태어나지 않았더라면 좋았다며 안타까워하신 것입니다.

## 48 가룟 유다가 없었다면 예수님은 죽지 않으셨을까요?

가룟 유다는 다른 제자와는 달리 갈릴리 출신이 아닙니다. 예루살렘 남쪽에 있는 가룟 출신입니다. 유다는 예수님을 은 30에 팔았습니다. 그렇다면 가룟 유다가 예수님을 팔지 않았다면 예수님은 십자가에서 돌아가시지 않으셨을까요?

제사장들과 서기관들은 예수님을 붙잡아 죽일 방법을 찾고 있었습니다(막14:1). 그들은 무리가 예수님을 따르므로 은밀하게 예수님을 붙잡으려고 했습니다. 그때 유다에게 사탄이 들어가니 유다가 제사장들과 성전 경비대장들에게 가서 예수님을 넘겨줄 방법을 의논했다고 했습니다(눅22:3).

가룟 유다가 없었어도 종교 지도자들은 반드시 예수님을 붙잡아 죽였을 것입니다. 가룟 유다가 그 시기를 조금 앞당겼을지는 모르나 십자가 사건은 일어날 수밖에 없었습니다. 그들이 예수님을 죽이려고 한 까닭은 군중이 예수님을 따르자 시기심이 일어났기 때문입니다. 자신들의 권위를 다시 찾고 싶었습니다. 그들에게는 처음부터 메시아나 구원은 관심도 없었습니다.

사탄이 유다에게 들어가 예수님을 팔 생각을 넣었으나 그의 행동까지 조종하지는 못합니다. 결국 가룟 유다는 자신의 의지로 예수님을 팔았습니다. 가룟 유다에게는 성령님이 계신 적이 없었으므로 그는 한 번도 예수님을 하나님의 아들이라고 고백한 적이 없습니다.

## 49 예수님은 왜 이 잔을 내게서 옮겨달라고 기도하셨나요?

예수님이 붙잡히시는 날 밤에 제자들과 함께 늘 기도하시던 감람산(올리브산)에 있는 겟세마네 동산에 도착하셔서 기도하셨습니다. 예수님은 성부 하나님께 "내 아버지여, 만일 내가 마시지 않고는 이 잔이 내게서 지나갈 수 없다면 아버지의 원대로 되기를 원하나이다"라고 기도하셨습니다(마26:42).

예수님이 지나가기를 바라셨던 잔은 무엇을 말할까요? 십자가의 고난을 말할까요? 막상 십자가에서 죽는다고 생각을 하니 두려우셨을까요? 예수님은 죽음을 두려워하지 않으셨습니다.

이사야 51장 17절에서 예루살렘은 하나님이 주신 분노의 잔을 마셨습니다. 예레미야 25장 15절에서 하나님은 예레미야에게 내 손에서 이 진노의 술잔을 받아 모든 나라가 마시게 하라고 말씀하셨습니다. 예수님이 지나가기를 바랐던 잔은 하나님의 진노입니다.

하나님이 왜 예수님께 진노하실까요? 이제 인류의 죄가 예수님께로 집중되는 시간입니다. 흠 없이 깨끗하신 예수님은 세상의 온갖 더러운 죄를 감당하기 어려워 힘들어하셨습니다. 더군다나 자신을 죄인으로 간주하며 자신에게 엄청나게 쏟아부으시는 하나님의 진노를 견디기 힘드셨던 것입니다. 그러나 인류의 죄를 대속하기 위해서는 그 진노를 받을 수밖에 없다는 현실을 받아들이시고 하나님의 뜻대로 인류의 모든 죄와 하나님의 진노를 수용하셨습니다.

## 50 예수님이 십자가에서 하신 말씀의 의미는 무엇인가요?

십자가에 달리시고 아홉 시(오후 3시경)쯤에 예수님은 큰 음성으로 "엘리, 엘리, 라마 사박다니?"라고 외치셨는데 이 말은 아람어로서 "나의 하나님, 나의 하나님, 어찌하여 나를 버리셨나이까?"라는 뜻입니다. 그렇다면 하나님이 예수님을 버리셨나요?

예수님이 십자가에 달리실 때 하나님은 예수님을 죄인으로 여기시고 엄청난 진노를 쏟아부으셨습니다. 예수님은 그동안 경험하지 못했던 진노를 느끼시는 순간 하나님께 그런 말씀을 하신 것입니다.

예수님은 "다 이루었다."라고 말씀하시고 숨을 거두셨습니다. 무엇을 다 이루셨다는 말씀인가요? 속죄가 끝났다는 뜻입니다. 하나님이 예수님의 순종을 보시고 인류의 죄를 용서하셨습니다.

## 51 초대교회는 어떤 활동을 했나요?

예수님이 승천하신 뒤 가룟 유다를 대신해서 맛디아가 열두 사도에 합류하였습니다. 오순절에 제자들이 한 장소에 모였는데 이때 예수님이 보내 주시기로 약속한 성령님이 각 사람에게 임하였습니다.

성령 충만한 베드로의 말을 듣고 세례를 받은 사람이 약 삼천 명이나 되었습니다. 초대교회는 서로 교제하고 떡을 떼며 기도하기를 힘썼습니다. 사도들을 통해 많은 기적과 표적도 나타났습니다.

교회는 일곱 집사를 택하여 구제하는 일을 맡겼습니다. 스데반은 그중 하나였는데 하나님을 모독하였다는 거짓 증언 때문에 붙잡혀 유대인들에게 돌에 맞아 순교했습니다. **스데반의 순교 이후 예루살렘교회가 박해를 받자 많은 사람이 여러 지역으로 흩어졌습니다. 이를 계기로 이방인에게 복음이 전해졌습니다.** 베드로는 이탈리아의 백부장 고넬료에게 세례를 주었고, 이방 땅에 세워진 시리아의 안디옥교회는 크게 부흥했습니다.

**생각해 보세요**

안디옥 시민들은 안디옥교회 성도들을 무엇이라고 불렀으며 왜 그렇게 불렀을까요? (행11:26)

## 52 아나니아와 삽비라는 왜 죽었나요?

초대교회는 자기 재산과 소유를 팔아 각 사람의 필요에 따라 나누어 주었습니다. 그러나 아나니아와 삽비라 부부는 자기 소유를 팔아 일부를 감추고 전부인 것처럼 사도들에게 주었습니다. 베드로는 부부를 책망하면서 사람에게 거짓말을 한 것이 아니라 하나님께 거짓말하였다고 했습니다. 베드로의 말을 듣고 둘 다 쓰러져 죽었습니다.

아나니아와 삽비라가 속인 것은 잘못이지만 죽일 필요까지는 없었다고 생각할 수 있습니다. 핵심은 이 부부가 저지른 죄는 베드로가 말한 것처럼 하나님을 속였다는 점입니다. 아나니아와 삽비라는 하나님이 속은 모르고 겉만 보시는 분으로 잘못 알았습니다.

하나님은 어떤 일을 시작하는 단계에서 높은 수준의 순종을 요구하십니다. 하나님은 초대 왕 사울이 순종하지 않자 폐위시키셨습니다. 가나안 땅을 정복할 때 재물을 탐낸 아간을 죽이라고 하셨습니다. 이제 초대교회가 세워지고 복음이 전파되는 중요한 시기에 아나니아와 삽비라의 속임수는 하나님이 보실 때 아주 큰 문제입니다. 이 문제를 그냥 넘어가면 사람들은 하나님을 속여도 된다고 생각했을 것이고, 남에게 잘 보이려는 형식적인 믿음만 가졌을 것입니다.

아나니아와 삽비라가 징계를 받아 죽었다고 해서 지옥에 갔다고 단정해서는 안 됩니다. 인간에게 죽음은 큰 두려움이지만 하나님 입장에서는 육신의 죽음은 아무것도 아니며 징계의 수단일 뿐입니다.

## 53 예루살렘 공회가 소집된 이유와 결과는 무엇인가요?

예루살렘 공회는 바울이 1차 선교여행이 끝난 시점인 A.D.49년경에 기독교 역사상 최초로 소집된 공회입니다. 안디옥 교회에 있는 유대 출신 그리스도인들이 이방 출신 그리스도인도 할례를 받아야만 구원을 받을 수 있다고 주장하였습니다. 당시는 그리스도인이 할례를 비롯한 모세의 율법을 지켜야 하는지, 안 지켜도 되는지 명확한 결론이 나오지 않은 상태였습니다. 결국 안디옥 교회는 이 문제를 해결하려고 예루살렘교회에 바울과 바나바를 파견하였습니다.

예루살렘교회에 사도들과 장로들이 이 문제를 논의하기 위해 모였습니다. 베드로는 하나님께서 이방인들에게 성령을 주셨으며 그들도 복음을 듣고 믿음으로 구원받게 하셨으므로 유대인도 감당하기 어려운 율법의 멍에를 이방인에게까지 메게 하지 말자고 제안하였습니다.

예루살렘교회의 지도자이며 예수님의 형제인 야고보도 하나님께로 온 이방인들에게 율법을 지키라고 강요하면서 그들을 괴롭히지 말자고 하였습니다. 다만 우상으로 더럽혀진 것과 음행과 목매어 죽인 것과 피를 삼가게 하자고 제안했습니다. 모두 야고보의 말에 순종하기로 했습니다. 그리고 공회의 결정을 안디옥, 수리아, 길리기아 등지에 있는 교회에 편지로 보냈습니다.

## 54 바울이 로마로 가게 된 까닭은 무엇인가요?

바울은 3차 선교여행을 마치고 예루살렘에 도착하여 선교 보고를 했습니다. 그러나 유대인들은 바울이 각처에서 율법과 예루살렘을 비방하였으며 심지어 그리스인을 데리고 성전에 들어가서 거룩한 곳을 더럽혔다고 모함하였습니다. 그러자 무리가 바울을 성전 밖으로 끌어내어 죽이려고 하였습니다.

소동이 일어나자 로마의 천부장이 부하들을 데리고 나타났습니다. 그는 바울을 데리고 가서 채찍질하며 심문하려고 하였습니다. 바울이 자신은 로마시민이라고 말하자 천부장은 로마시민인 바울을 함부로 결박하였기 때문에 두려워하였습니다.

유대인 40명이 바울을 암살하려고 하자 바울은 이 사실을 조카를 통해 천부장에게 알렸습니다. 천부장은 안전을 위해 바울을 벨릭스 총독이 있는 가이사랴로 보냈습니다. 벨릭스는 바울에게 돈을 받을 목적으로 자주 불러 질문하였으나 소득이 없자 유대인의 환심을 사려고 바울을 2년 동안 감금하였습니다.

베스도가 새로운 총독으로 부임하자 대제사장과 유대인들이 베스도에게 바울을 예루살렘으로 보내 달라고 요청했습니다. 그들은 바울이 예루살렘으로 이송될 때 그를 죽일 셈이었습니다. 베스도가 바울에게 예루살렘에 가서 재판을 받겠느냐고 묻자 로마 황제에게 상소한다고 대답했습니다. 결국 바울은 재판을 받으러 로마로 가게 되었습니다.

## 55 바울은 일평생 어떤 삶을 살았나요?

바울은 길리기아 지역 다소에서 출생했습니다. 그는 유대인이었으나 태어날 때부터 로마 시민권이 있었습니다.

바울은 청년 시절에 기독교를 박해하는 데 앞장섰습니다. 그러나 기독교인들을 잡으러 다메섹으로 가는 길에 예수님을 만나 회심하였고 곧바로 다메섹에서 복음을 전했습니다. 바울은 자신을 죽이려는 유대인들을 피해 다메섹을 떠나 아라비아로 가서 3년간 머물렀습니다.

아라비아에서 돌아와 예루살렘에서 사도들과 사역하고 싶었으나 유대인들이 자신을 죽이려고 했으므로 그들을 피해 고향인 다소로 갔습니다. 그는 수리아와 길리기아 지역에서 약 10년간 사역을 했습니다.

바나바가 다소에 있는 바울을 안디옥교회로 데려왔으며 두 사람은 안디옥교회에서 일 년 동안 함께 성도들을 가르친 후 선교사로 파송 받아 3차에 걸쳐 선교여행을 다녀왔습니다.

3차 선교여행 후 예루살렘에서 유대인들에게 고소당하여 가이사랴에서 가택에 구금되었습니다. 바울이 로마 황제에게 상소하였으므로 재판을 받으러 로마로 이송됩니다. 로마에서 2년간 가택연금 생활을 하며 복음을 전하였습니다. 가택연금에서 풀려난 뒤 4차 선교여행을 다녀왔으나 네로의 박해로 체포되어 로마 지하 감옥에서 지내다가 참수형으로 순교하였습니다.

# 기독교 교리

## 1 하나님은 몇 분이신가요?

**하나님은 세 분이십니다. 성부 하나님, 성자 하나님, 성령 하나님 이렇게 세 분입니다.** 하나님께서 사람을 창조하시기 전에 "우리의 형상대로 우리의 모습을 따라 사람을 만들자."라고 말씀하셨습니다(창1:26). 따라서 세 분 모두 창조의 주체라는 사실을 알 수 있습니다. 바벨탑 사건 때 하나님은 "우리가 내려가서 그들의 언어를 혼란하게 하여 서로 알아듣지 못하도록 하자."라고 말씀하셨습니다(창11:7). 여기서도 '우리'라는 표현이 사용되었습니다.

**성자 하나님과 성령 하나님은 피조물이 아닙니다. 세 분 모두 창조주 이십니다. 그리고 모두 영원하십니다.** 하나님은 모세에게 자신을 설명해 주시면서 "나는 곧 나니라(I AM THAT I AM)."라고 하셨습니다(출3:14). 하나님은 어떤 존재에게 의존하시지 않고 홀로 완전하게 존재하신다는 의미입니다. 하나님은 나는 처음이요 나는 마지막이다. 나 외에 다른 신이 없다고 분명히 말씀하셨습니다(사44:6).

**생각해 보세요**

예수님이 세례를 받으실 때 세 분 하나님이 모두 나타나셨습니다. 어떤 모습으로 나타나셨나요? (마3:16-17)

## 2 삼위일체란 무슨 뜻인가요?

삼위일체란 세 분 하나님 즉 성부 하나님, 성자 하나님, 성령 하나님이 하나라는 뜻입니다. 세 분 하나님은 힘과 능력, 속성, 위엄, 영광 등이 모두 똑같습니다. 권위도 같습니다. 예수님은 아버지 즉 성부 하나님과 자신은 하나라고 말씀하셨습니다(요10:30). 세 분 하나님은 하나이시므로 다투거나 대립하는 일이 없으며 완전히 일치하여 서로 협력하면서 행동하십니다.

성자 하나님이신 예수님은 성부 하나님께 순종하셨습니다(빌2:8). 그렇다고 성자 하나님이 성부 하나님보다 능력이 부족하거나 권위가 낮지 않으십니다. 스스로 낮아지셨을 뿐입니다. 만약 교회 안에서 누군가 스스로 낮추어 다른 사람을 섬긴다고 해서 그 사람의 능력이나 권위가 다른 사람보다 낮다고 볼 수 없습니다. 단지 그가 공동체를 위해 스스로 자기를 낮추었을 뿐입니다.

세 분은 지시하고 통제하는 관계가 아니라 서로 협력하는 관계입니다. 성부 하나님은 인간의 구원을 주관하십니다. 성자 하나님은 인간의 죄를 대속하시려고 십자가 위에서 희생하셔서 구원을 이루셨습니다. 성령 하나님은 성자 하나님이 이루신 구원을 믿도록 도와주시고 구원받은 사람을 끝까지 책임지고 지켜 주십니다.

**생각해 보세요**

예수님은 어느 정도까지 성부 하나님께 순종하셨나요? (빌2:8)

## 3 하나님은 어떤 속성이 있으신가요?

하나님은 영이십니다. 하나님은 누구도 접근할 수 없는 빛 가운데 계시므로 어떤 사람도 보지 못하였고 볼 수도 없습니다(딤전6:16). 하나님은 영이시므로 하나님께 영과 진리로 경배드려야 합니다(요4:24). 성령님이 우리에게 오시면 우리는 영과 진리로 예배드릴 수 있습니다.

하나님은 무한하십니다. 하나님은 권능, 지혜, 선함, 진실, 공의, 공간 등 모든 것에 한계가 없으십니다. 하나님은 특히 모든 공간을 초월해 계시며 공간의 모든 지점에 존재하십니다.

하나님은 영원하십니다. 하나님은 시간에 얽매이지 않으시며 시간을 초월하시고 지배하십니다. 하나님께는 하루가 천년 같고 천년이 하루 같습니다(벧후3:8). 하나님은 알파와 오메가요 시작과 끝이시며 지금도 계시고 전에도 계셨고 앞으로 오실 분이십니다(계1:8).

하나님은 불변하십니다. 하나님은 모든 것이 변하지 않으십니다(약1:17). 왜냐하면 하나님은 영원하고 완전하신 분이기 때문입니다.

하나님은 전지하고 전능하십니다. 하나님은 모든 것을 다 아시며 완전한 지혜로 늘 최선의 일을 행하십니다. 하나님은 인간의 마음을 아시고(요21:17), 인간의 과거도 아시며(요4:17-18), 인간의 미래도 아십니다(마26:34). 하나님은 권능이 지극히 크시고(욥37:23), 불가능한 일이 전혀 없습니다(눅1:37).

## 4 하나님은 아무나 사랑하시나요?

우리는 전도할 때 하나님은 당신을 사랑한다고 말합니다. 물론 하나님은 사랑의 속성이 있으십니다. 하나님은 사랑이시므로 사랑하는 사람만이 하나님을 알 수 있습니다(요일4:7-8). 그렇지만 하나님은 아무나 사랑하시지 않습니다.

하나님은 의를 좋아하시나 죄는 미워하십니다. 또한 하나님은 의인을 사랑하시나 죄인은 미워하십니다(잠6:16-19). 하나님은 성경에서 죄인을 사랑한다고 말하지 않으셨습니다. 하나님은 다윗을 사랑하셨으나 사울은 미워하셨습니다. 하나님은 죄인을 사랑하시는 것이 아니라 죄인에게 자비와 긍휼을 베풀어 주시는 것입니다.

우리가 아직 죄인 되었을 때 그리스도께서 우리를 위하여 희생하시어 하나님께서 우리에 대한 자기의 사랑을 확증하셨습니다(롬5:8). 사랑을 확증했다는 말은 사랑을 확실히 나타내셨다는 뜻입니다. 또한 하나님은 우리가 영생을 얻도록 독생자를 보내 주신 것도 우리에게 하나님의 사랑을 보여주신 것입니다.

**생각해 보세요**

하나님은 야곱과 에서 중 누구를 더 사랑하셨나요? (롬9:12-13)

## 5 하나님도 후회하시나요?

하나님은 전능하신 분이므로 실수하지도 않으시고 후회하지도 않으십니다. 그런데 성경을 보면 간혹 하나님이 후회하셨다는 표현이 나옵니다. 창세기 6장 6절을 보면 하나님께서 땅 위에 사람 지으셨음을 한탄하셨다고 기록되어 있습니다. 사무엘상 15장 11절을 보면 하나님께서 사울을 왕으로 세운 것을 후회하신다고 했습니다. 역대상 21장 15절에는 하나님이 예루살렘에 재앙을 내리신 일을 뉘우치신다는 표현이 나옵니다.

성경에 기록된 히브리어 한 단어에도 여러 가지 뜻이 있으므로 가장 적합한 우리말로 번역해야 합니다. 창세기 6장 6절은 하나님께서 땅 위에 사람을 만드신 일을 슬퍼하셨다고 번역해야 하고, 사무엘상 15장 11절도 하나님께서 사울을 왕으로 세우신 일을 슬퍼하셨다고 번역해야 합니다. 역대상 21장 15절은 하나님이 예루살렘에 재앙을 내리신 일을 돌이키셨다고 번역해야 합니다.

**하나님은 영이시지만 감정이 있으신 분이므로 슬퍼하시기도 합니다.** 자녀가 불순종하면 부모가 슬퍼하듯이 우리가 불순종하면 하나님도 슬퍼하십니다. 또한 하나님은 자녀에게 징계를 내리려고 결심하였을지라도 자녀가 회개하면 뜻을 돌이키시는 분입니다. **그러나 인간처럼 이미 결정한 일을 후회하거나 뉘우치시는 분이 아닙니다.**

## 6 하나님의 뜻을 어떻게 알 수 있나요?

우리는 하나님의 뜻을 알고 싶어 합니다. 그럼 어떻게 하나님의 뜻을 알 수 있나요? 하나님이 나타나셔서 나에게 알려 주셔야 하나요? 하나님의 뜻은 성경을 통해서 알 수 있습니다. 성경은 모든 사람을 향한 보편적인 하나님의 뜻을 알려 줍니다(살전 4:3).

하나님은 성경을 통해 우리에게 거룩하게 살라고 가르치십니다. 우리가 거룩한 삶을 사는 것이 하나님의 뜻입니다. 하나님은 우리가 하나님을 사랑하고 이웃을 사랑하기를 바라십니다. 이것이 모든 신자를 향한 하나님의 뜻입니다(마 22:37~40). 어떤 일을 당하든지 하나님께 감사하는 삶도 하나님의 뜻입니다(살전5:18).

이렇게 하나님의 뜻을 잘 알려면 성경을 알아야 합니다. 성경은 하나님의 뜻을 분명히 기록하였습니다. 우리가 내린 결정이 성경 말씀에 어긋난다면 하나님의 뜻이 아닙니다. 그러나 성경은 우리가 삶에서 직면하는 수많은 문제에 대해 모두 해답을 주지 않습니다.

성경 말씀에 어긋나지 않는다면 우리의 자유의지로 우리 문제를 스스로 결정하는 것도 하나님의 뜻입니다. 하나님은 우리에게 자유의지를 주셨으므로 우리 의견을 존중해 주십니다. 우리가 어디에 살지, 무슨 직업을 가질지, 무슨 교회에 다닐지 모두 자유롭게 선택하면 됩니다. 하지만 성경 말씀을 잘 알아서 하나님이 기뻐하시는 선택을 해야 합니다.

## 7 천사는 어떤 존재인가요?

천사는 하나님의 말씀으로 창조되었습니다(시148:5). 인간은 어떻게 창조되었죠? 인간은 하나님의 형상을 따라 창조되었습니다. 따라서 인간이 천사보다 더 뛰어납니다. 인간의 몸은 한계가 있으므로 지금은 천사가 더 뛰어나 보일 뿐입니다. 하지만 성도가 천국에 가면 몸이 영화롭게 되는데 그때는 성도가 천사를 지배합니다.

천사가 언제 창조되었는지 정확히 알 수 없습니다. 단지 욥기를 보면 천사가 인간보다 먼저 창조되었다는 사실을 알 수 있습니다(욥38:4-7). 천사의 수는 셀 수 없이 많습니다. 그러나 천사는 자녀를 낳지도 않고 죽지도 않으므로 천사의 수는 늘거나 줄지 않습니다.

천사는 영이며 인격체입니다. 천사는 영이므로 사람 눈에는 보이지 않습니다. 또한 그들은 인격체이므로 로봇처럼 하나님의 명령에 무조건 복종하지 않습니다. 자신의 의지로 순종합니다. 그러나 그들 중에는 하나님께 반역하는 자들도 생겨 났습니다. 천사 중에 삼 분의 일은 하나님께 반역하였습니다(계12:4). 이들을 타락한 천사들 또는 마귀들이라고 부릅니다.

## 8 천사는 무슨 일을 하나요?

천사는 하나님을 찬양하고 경배합니다. 그들은 영이면서 인격체이므로 하나님께 기계적으로 경배하지 않고 진심으로 하나님을 경외하고 존경하는 마음으로 경배합니다.

천사는 날개가 없는데 천사처럼 영적 존재인 그룹과 스랍은 날개가 있습니다. 그룹의 날개는 네 개이고 스랍의 날개는 여섯 개입니다. 그룹은 하나님의 보좌 주위에서 하나님의 영광과 신성을 드러냅니다. 언약궤 위에서 날개로 온몸을 감싼 것이 바로 그룹입니다. 스랍도 하나님의 보좌 주변에서 하나님의 거룩하심을 찬양합니다.

천사는 하나님의 말씀을 인간에게 전합니다. 천사 가브리엘이 마리아에게 나타나 예수님의 잉태 소식을 전한 사실을 기억하시죠?

천사는 하나님의 심판을 알리고 집행하는 역할도 합니다. 롯에게 소돔과 고모라가 멸망한다는 사실을 알려 주었습니다. 세상 끝에 악인과 의인을 가려내고 악인을 불타는 용광로 속에 던지는 역할도 천사가 합니다.

**생각해 보세요**

천사는 성도의 기도를 어떻게 처리할까요? (계8:3-4)

## 9 사탄은 어떤 존재인가요?

사탄과 마귀는 같은 뜻입니다. 우리는 보통 사탄이 여러 명이라고 생각합니다. 그러나 사실은 한 명입니다. 그의 이름은 루시퍼인데 '빛을 나르는 자'라는 뜻입니다. 그만큼 지혜롭고 완벽했습니다. 그것이 오히려 독이 되었습니다. 그는 교만하여 하나님처럼 되려고 하나님께 반역했습니다. 결국 자기를 따르는 천사들과 땅으로 쫓겨났습니다.

사탄 루시퍼를 따르는 천사들을 타락한 천사들, 사탄들, 마귀들이라고 부릅니다. 그렇다면 귀신은 무엇인가요? 귀신은 사람이 죽을 때 육신을 떠나 세상을 떠도는 혼을 가리킵니다. 하지만 사람은 죽으면 그 혼은 바로 천국이나 지옥에 갑니다. 이 세상에 남아 있지 않습니다. 따라서 귀신은 없습니다.

사탄은 하나님께서 계신 하늘에서 쫓겨난 뒤 계속해서 하나님을 대적하고 있습니다. 사탄을 공중의 권세 잡은 자로 묘사합니다(엡2:2). 왜냐하면 사탄은 공중에서 큰 권세를 행사하고 있기 때문입니다. 하와를 유혹했던 사탄은 지금도 성도를 미혹하며 믿지 않는 자들의 마음을 어둡게 하여 복음을 받아들이지 못하도록 막습니다.

**생각해 보세요**

사탄은 하나님과 욥 사이에서 어떻게 이간질했나요? (욥1:6-12)

## 10 사탄은 나중에 어떻게 되나요?

사탄의 운명은 이미 정해져 있습니다. 성경에 사탄이 불과 유황 못에 던져진다고 분명히 기록되어 있습니다(계20:10). 사탄뿐만 아니라 악인도 행위에 따라 심판을 받고 역시 영원한 불 못에 던져집니다.

그렇다면 하나님께서 사탄을 바로 멸하지 않는 까닭은 무엇일까요? 하나님은 우리가 사탄의 미혹을 뿌리치고 하나님의 자녀답게 살며 신앙이 더욱 성숙하기를 바라십니다. 하나님은 우리에게 악에 지지 말고 선으로 악을 이기라고 말씀하셨습니다(롬12:21). 하나님은 우리가 사랑으로 악을 이기고 하나님의 영광을 드러내길 바라십니다.

하나님은 자신을 진심으로 따르는 자와 거짓으로 따르는 자를 가려내시려고 사탄을 내버려 두십니다. 알곡과 가라지를 구별하기 위해서입니다. 그렇다고 하나님께서 악을 만드시지 않으셨습니다. 사탄이 스스로 반역하였으며 인간이 스스로 악한 자가 되었습니다. 단지 하나님은 악을 잠시 허용하신 것뿐입니다.

**생각해 보세요**

하나님은 우리가 원수에게 어떻게 하기를 원하실까요? (롬12:19).

## 11 지옥은 어떤 곳인가요?

지옥은 어디에 있을까요? 우리가 모르는 우주 어느 곳에 있을까요? 지옥은 말 그대로 땅속에 있습니다. 지구 지표면 아래 땅속을 말합니다. 지옥도 하나님께서 만드셨습니다.

지옥은 어떤 곳인가요? 지옥은 불신자와 사탄이 가는 곳입니다. 지옥에 간 부자가 나사로를 보내어 그 손가락 끝에 물을 찍어 자기 혀를 서늘하게 해 달라고 요청할 정도로 불꽃 가운데 고통받는 곳입니다(눅16:24). 혼은 불멸하므로 죽고 싶어도 죽을 수 없는 곳입니다. 무엇보다도 지옥은 하나님의 사랑과 공의가 전혀 미치지 않는 곳이며 하나님이 보호하시지 않고 무관심 속에 내버려 두시는 곳입니다. 하나님을 찾아도 만날 수 없으며 하나님께 돌아가고 싶어도 돌아갈 수 없는 곳입니다.

이 세상은 신자와 불신자가 섞여 있습니다. 불신자들에게는 아직 하나님께 돌아갈 기회가 있습니다. 그래서 하나님은 신자든 불신자든 살 수 있는 환경과 먹을거리를 제공해 주십니다. 이 세상은 하나님의 보호와 관심 속에 있습니다. 그러나 지옥에 가면 더 이상 구원받을 기회가 없습니다.

## 12 영혼이란 무엇인가요?

데살로니가전서 5장 23절을 보면 모든 사람에게는 영과 혼과 육이 있다는 사실을 알 수 있습니다. 영과 혼을 합쳐 영혼이라고 부르는 경우가 있는데 사실은 영과 혼은 존재와 특성이 완전히 다릅니다.

영은 하나님을 알고 하나님과 소통할 수 있도록 하나님께서 인간에게 주신 것입니다. 하나님이 아담의 코에 불어 넣으신 생명의 숨(생기)이 곧 영입니다(창2:7). 아담은 하나님께 영을 받았지만 범죄하여 영이 죽었습니다. 영이 죽었다는 말은 소멸했다는 뜻이 아니라 하나님과 친밀한 교제가 끊어졌다는 뜻입니다. 아담의 범죄로 우리의 영도 죽었으나 예수님을 구주로 영접하면 성령님이 오셔서 우리의 영을 깨웁니다(요3:6). 영이 새로 깨어나 다시 하나님을 찾게 되는 현상을 거듭남이라고 합니다. 예수님을 구주로 영접하면 영이 거듭납니다.

혼은 독자적인 이성, 지성, 감정, 의지, 개성 등을 가진 사람 그 자체를 말합니다. 육은 몸입니다. 육은 눈에 보이지만 영과 혼은 보이지 않습니다. 육은 죽으면 썩으나 영과 혼을 불멸합니다. 그렇다면 영과 혼과 육 중에 무엇이 구원을 받나요? 구원을 받는 대상은 혼입니다. 혼이 바로 그 사람 자체이기 때문입니다.

## 13 죽으면 영, 혼, 육은 어떻게 되나요?

예수님을 구주로 영접한 사람 즉 신자가 죽으면 혼은 바로 천국에 갑니다. 육은 땅으로 돌아갑니다(전12:7). 그러나 예수님이 재림하시고 신자들이 휴거 될 때 땅으로 돌아간 몸은 영화로운 몸으로 변화되어 몸과 혼이 합해집니다(고전15:51-54). 그리고 영원히 영화로운 몸으로 천국에서 살게 됩니다.

불신자가 죽으면 혼은 바로 지옥으로 갑니다. 지옥은 땅속 깊숙이 있습니다. 부자와 나사로 이야기에서 부자가 간 곳이 바로 지옥입니다. 영은 하나님께로 다시 돌아갑니다(전12:7). 불신자의 육도 일단 땅으로 돌아갑니다. 그리고 마지막 때 불신자들의 몸도 부활합니다. 그들은 하나님 앞에서 최후의 심판을 받은 뒤 그들의 몸과 혼은 영원한 불 못에 던져집니다. 이것을 둘째 사망이라고 합니다(계20:14).

첫째 사망은 육신이 죽어 땅에 묻히는 것을 말하고, 둘째 사망은 영원한 불 못에 던져지는 것을 말합니다.

## 14 회개란 무엇인가요?

회개란 죄로부터 돌아서서 인생의 방향이 하나님께로 향하는 것입니다. 우리는 흔히 울면서 반성하는 모습을 회개라고 생각하지만 그것은 회개하는 과정에서 일어나는 단편적인 모습일 뿐이고 성경에서 말하는 회개는 하나님께 돌아가는 것입니다. 하나님께로 돌아간다는 말은 삶의 중심과 기준이 이제 내가 아닌 하나님으로 바뀐다는 뜻입니다.

거듭난 사람 중에 회개하지 않은 사람은 없습니다. 하나님께로 돌아가지 않은 사람은 거듭날 수 없기 때문입니다. 하지만 거듭난 사람도 살면서 죄를 짓기도 하고 반성도 하지 않나요? 그것은 회개가 아닌가요? 맞습니다. 그것도 회개입니다.

회개는 두 종류가 있습니다. 하나님을 모르고 내 뜻대로 살다가 예수님을 구주로 영접하고 하나님께로 돌아가는 것을 구원에 이르는 회개라고 합니다. 이것은 평생 한 번 있습니다. 그리고 구원받은 사람이 육신의 한계로 죄를 지을 때마다 하나님께 용서를 구하는 것을 일상적인 회개라고 합니다. 이것은 천국에 갈 때까지 빈번하게 발생합니다.

**생각해 보세요**

가룟 유다의 자살을 회개로 보아야 할까요?

## 15 구원이란 무엇인가요?

구원이란 천국에 가는 것을 말할까요?

하나님과 인간은 죄 때문에 관계가 끊어졌습니다. 죄의 문제가 해결되지 않으면 인간은 하나님께서 계신 곳에 갈 수 없습니다. 결국 영원한 사망에 이르게 됩니다. 하나님은 인간을 버리지 않으셨습니다. 독생자 예수 그리스도를 보내 그의 죽음으로 대신 속죄하게 하셨습니다. 예수님은 하나님과 인간 사이의 관계를 회복시켰습니다.

**구원은 예수님의 공로로 하나님과 인간 사이의 관계가 회복되어 하나님과 영원히 살 수 있게 된 상태를 말합니다.**

그렇다면 이 세상에서 예수 그리스도를 영접한 사람은 아직 천국에 가지 않았는데도 구원을 받은 건가요? 맞습니다. 구원을 받았습니다. 예수님을 구주로 영접하면 성령님이 내 안에 오시고 성령님의 능력으로 영이 거듭나서 하나님과 교제가 회복됩니다. 구원의 문제에 있어서는 내가 어디에 있든지 장소는 중요하지 않습니다. 비록 **아직 천국에 가지는 못했으나 하나님의 자녀가 되었다면 이미 구원을 받았습니다.**

## 16 어떻게 해야 구원을 받나요?

예수님이 십자가에서 돌아가시고 부활하신 후부터는 예수님을 믿어야만 구원을 받을 수 있습니다. 다른 길은 없습니다. 구약시대는 죄를 지을 때마다 짐승에게 자신의 죄를 전가한 후 그 짐승을 희생하여 하나님과의 관계를 회복하였습니다. 하지만 짐승의 피로서는 우리 죄가 완전히 깨끗해지지 않습니다.

인간은 모두 죄인이므로 인간이 인간을 구원할 수 없습니다. 죄가 하나도 없으신 분은 하나님뿐입니다. 하나님은 영이시므로 피를 흘릴 수 없습니다. 그래서 예수님이 인간의 육신을 입고 이 땅에 직접 오셔서 피를 흘려 희생제물이 되셨습니다.

우리는 죄인이라는 사실을 인정해야 합니다. 그리고 회개해야 합니다. 나의 노력이나 짐승의 희생으로는 죄가 깨끗해질 수 없다는 사실을 알아야 합니다. 예수님이 못 박히실 때 나도 같이 못 박혔고, 예수님이 십자가에서 돌아가실 때 나도 같이 죽었다는 사실을 인정해야 합니다. 이 모든 고통을 예수님이 나를 대신하여 감당하셨습니다. 예수님의 공로로 나의 죄가 사함을 받았다는 사실을 믿어야 합니다.

예수님을 진심으로 나의 구주로 영접하며, 예수님과 연합하여 하나님께 순종하는 삶을 살겠다고 고백해야 합니다. 이 믿음을 가져야 하나님이 예수님의 희생을 나의 희생으로 인정해 주고 나를 의롭다고 여기십니다. 그러면 구원을 받습니다.

## 17 예수님이 희생제물이 되신 까닭은 무엇인가요?

인간이 죄를 지으면 하나님은 반드시 죄에 대한 책임을 물으십니다. 하나님은 인간이 상상할 수 없을 만큼 영광이 찬란하시며 죄가 하나도 없으시고 눈부시게 깨끗하십니다. 따라서 하나님은 절대 인간의 죄를 간과하지 않으십니다.

죄를 지은 인간이 거룩하신 하나님께 나아가서 그분과 대면할 수 없습니다. 하나님은 인간에게 죗값을 요구하십니다. 죗값을 치르기 위해서는 피의 제사를 드려야 합니다. 피는 곧 생명이므로 피의 제사만이 하나님을 만족시킬 수 있습니다.

인간이 죄를 지으면 자신의 피를 흘려서 죗값을 치러야 하지만 하나님은 인간의 생명을 소중하게 여겨서 흠 없는 짐승의 피로 대신하게 하셨습니다. 하지만 짐승의 피는 완전하지 못합니다. 전혀 흠 없는 짐승은 있을 수 없으며, 짐승의 피로서는 영원한 속죄를 이루지 못합니다. 따라서 죄를 지을 때마다 계속 짐승을 희생해야만 합니다.

예수님은 하나님의 아들이면서 곧 하나님이시므로 죄가 없으십니다. 흠이 하나도 없습니다. 그러므로 희생물이 되어 모든 사람의 죗값을 치를 수 있었습니다. 예수님의 희생 제사는 하나님을 완전히 만족시켰습니다. 그래서 한 번의 제사로 끝낼 수 있었습니다. 이제 반복하여 제물을 드릴 필요가 없습니다. 하나님은 예수님의 희생으로 모든 인간의 원죄뿐만 아니라 과거와 현재, 미래의 죄까지 모두 용서해 주셨습니다.

## 18 어떻게 해야 의인이 될 수 있나요?

구약시대든 신약시대든 사람은 오직 믿음으로 의롭게 될 수 있습니다. 아벨은 피의 제사를 드려야 구속받는다는 약속을 믿어서 의인이 되었습니다(마23:35). 노아는 방주에 들어가면 구원을 받는다는 약속을 믿어서 의인이 되었습니다(히11:7). 아브라함은 자신을 통해 큰 민족을 이루고 복을 주며 자신의 이름을 크게 하겠다는 하나님의 약속을 믿어서 의인이 되었습니다(롬4:17-22).

아담은 선악과를 먹지 않으면 영원히 에덴동산에서 살 수 있다는 약속을 믿지 않고 선악과를 먹어서 에덴동산에서 쫓겨났습니다. 가인은 피의 제사를 드려야 구속받는다는 약속을 무시하고 자기 방식대로 제사를 드려서 저주를 받았습니다. 방주에 들어가면 산다는 약속을 믿지 않아서 노아의 가족만 제외하고 모두 죽었습니다. 하나님이 다시는 홍수로 멸하지 않겠다는 약속을 믿지 않고 바벨탑을 쌓다가 언어가 혼잡해졌습니다.

이 시대에 하나님께서 우리에게 요구하시는 믿음은 우리가 죄인이었으나, 하나님이 우리를 사랑하셔서 우리 죄를 대속하기 위해 독생자 예수님을 보내셨고, 예수님이 나의 죄를 대신하여 희생물이 되었으며, 예수님을 마음으로 영접하면 구원을 받는다는 사실입니다. 우리가 그 약속을 믿는다면 하나님은 우리를 의인이라고 여기십니다. 그리고 구원해 주십니다. 의인은 오직 믿음으로 살 수 있습니다(롬1:17).

## 19 구원의 대상은 누구인가요?

구원은 부자든 가난하든, 명예가 있든 없든, 건강하든 건강하지 않든지 누구나 받을 수 있습니다. 누구든지 주의 이름을 부르는 사람은 구원을 받습니다(롬10:13).

어떤 사람은 구원받을 사람이 이미 정해졌으므로 아무리 노력해도 선택받지 못한 사람은 절대 구원받을 수 없다고 말합니다. 또한 선택받은 사람은 구원받고 싶지 않아도 결국은 구원받게 되어 있다고 주장합니다. 사람이 태어나기도 전에 이미 구원받을 사람과 받지 못할 사람이 정해져 있다는 말입니다. 그러나 이런 주장은 틀립니다. 구원받을 사람이 이미 정해져 있다면 예수님이 복음을 전하라고 말씀하실 이유가 없습니다. 복음을 전하지 않아도 어차피 구원받을 사람은 구원을 받기 때문입니다.

하나님은 구원받을 사람을 모두 아십니다. 전능하시기 때문입니다. 그렇다고 하나님이 구원받을 사람을 미리 정하신 게 아닙니다. 구원은 개인의 자유의지로 받습니다. 하나님 입장에서는 구원받을 사람을 모두 아시기 때문에 하나님께서 그들을 선택받은 사람으로 표현했을 뿐입니다. 하나님이 미리 선택하셔서 구원받게 하신다는 뜻이 아닙니다.

## 20 구원을 받은 후에 어떤 변화가 일어나나요?

우리가 예수 그리스도를 구주로 영접하면 하나님은 우리를 의인으로 여기십니다. 우리가 의인이 되었다는 말은 이제 죄인이 아니라는 뜻입니다. 아담의 원죄뿐만 아니라 과거, 현재, 미래의 죄까지 모두 용서를 받습니다. 죄인에서 의인으로 신분이 바뀌었습니다. 설사 구원받은 후에 죄를 짓더라도 죄인이 죄를 짓는 것이 아니라 의인이 죄를 짓는 것입니다. 의인이 죄를 지었다고 해서 다시 죄인이 되는 것이 아닙니다.

우리가 구원을 받으면 하나님의 아들이 됩니다. 하나님께서 우리를 양자로 삼아 주십니다. 하나님은 우리에게 친근감 있게 “아빠 아버지”라고 불러도 된다고 허락하셨습니다. 따라서 구원은 하나님의 은혜입니다. 우리의 노력으로 받은 것이 아니므로 자만해서는 안 됩니다.

예수님은 구원받은 사람들에게 성령님을 보내 주십니다. 성령님도 삼위일체 하나님 중에 한 분이십니다. 성령님은 우리 안에 항상 계십니다. 성령 하나님이 우리 안에 항상 계시므로 우리 몸이 성전이 됩니다.

## 21 구원받았다는 사실을 어떻게 알 수 있나요?

구원받은 사람은 하나님께 항상 감사하며 고난이 닥쳐와도 불평하거나 원망하지 않습니다. 예수님이 내 죄를 대신하여 십자가에서 돌아가신 사랑과 내 죄를 덮어주고 양자 삼아 주신 하나님의 은혜에 비하면 어떤 고난도 아무것도 아니라는 사실을 잘 알고 있기 때문입니다.

하나님은 구원받은 자들의 믿음이 성장하도록 성령님을 보내셨습니다. 성령님은 우리를 진리로 인도하는 진리의 영이십니다. 성령님은 우리가 하나님과 성경에 관하여 잘 알 수 있도록 인도해 주십니다.

성령님은 하나님이 기뻐하시는 일을 할 수 있도록 우리를 인도하시므로 구원받은 사람이라면 육신의 일과 하나님이 기뻐하시는 일 사이에서 항상 갈등하며 육신의 일에서 벗어나려고 애씁니다. 이런 갈등이 전혀 없는 사람은 성령이 없는 사람이므로 구원받지 못한 사람입니다.

구원받아 성령 충만하면 예수님을 닮아가는 삶을 살기 때문에 많은 열매를 맺습니다. 성경에는 성령의 아홉 가지 열매가 나옵니다. 사랑, 기쁨, 화평, 인내, 친절, 선함, 충성, 온유, 절제입니다. 예수님을 구주로 영접했는데도 성령의 열매를 맺지 못하고 전과 같은 모습으로 살아간다면 자신이 정말 구원받았는지 생각해 보아야 합니다.

## 22 양자의 권리와 의무는 무엇인가요?

우리가 예수 그리스도를 구주로 영접하면 하나님의 아들이 됩니다. 하나님께서 우리를 양자로 삼아 주시기 때문입니다. 예배에 참석하고, 교회에서 열심히 봉사하고, 헌금을 많이 내면 하나님의 자녀가 된다고 착각하는 사람이 많습니다. 하나님이 그 사람의 믿음을 보시고 의롭다고 인정해야 하나님의 자녀가 됩니다.

하나님의 자녀가 되면 여러 가지 권리가 생깁니다. 곧바로 어린양의 생명책에 기록됩니다. 어린양의 생명책에 기록된다는 말은 구원을 받아 천국에 간다는 뜻입니다. 하나님이 천국에 계시므로 아들인 우리가 천국에 가는 것은 당연합니다. 또한 하나님은 우리에게 하늘나라의 기업을 상속해 주십니다.

하나님의 양자가 되었다고 해서 이 땅에서 복을 받는 게 아닙니다. 우리는 영원한 하늘나라의 기업을 상속받기 때문에 이 땅에서 복을 추구해서는 안 됩니다. 오히려 하나님의 자녀로서 하나님의 영광을 위해 고난을 기쁘게 받아야 합니다. 하나님의 자녀답게 살려고 노력하다 보면 당연히 고난과 핍박이 뒤따르게 됩니다. 그러나 이 땅에서 받는 고난은 앞으로 있을 영광에 비하면 아무것도 아닙니다.

## 23 구원을 잃어버릴 수도 있나요?

구원을 받은 후에 죄를 지으면 어떻게 될까요? 작은 죄는 용서해 주시고 큰 죄는 용서해 주지 않으실까요? 구원이 취소되고 지옥에 갈까요? 어떤 사람은 하나님이 자기를 버릴까 봐 즉 구원을 잃어버릴까 봐 걱정합니다.

여러분은 자녀가 작은 죄를 지으면 용서해 주고 큰 죄를 지으면 버리시나요? 오히려 큰 죄를 지은 자식을 더 불쌍하게 생각하지 않나요? 여러분도 자녀에게 그런 사랑을 보여주면서 여러분보다 비교도 안 될 만큼 큰 사랑을 지니신 하나님이 왜 여러분을 버린다고 생각하나요? 구원은 절대 잃어버리지 않습니다. 하나님은 구원을 영원히 보장해 주십니다.

하나님은 의롭다고 여기시고 양자 삼은 사람을 따로 구별해 놓으십니다. 그렇게 구원받은 사람이 때로는 죄를 지을 수도 있고 잠시 하나님을 떠날 수도 있습니다. 그러나 하나님은 그를 끝까지 버리지 않으십니다. 구원은 사람의 행위가 아닌 하나님의 은혜로 받기 때문입니다.

## 24 구원받은 후 죄를 지으면 어떻게 되나요?

예수님을 구주로 영접하면 하나님께서 우리를 의인이라고 칭해 주시고 양자 삼아 주십니다. 이제 우리는 죄인이 아니라 의인입니다. 하나님의 자녀인 우리는 더 이상 죄인처럼 살아서는 안 됩니다. 하나님의 자녀가 된 후 바로 하늘나라로 간다면 이 땅에서 죄를 짓지 않습니다. 그러나 육신은 한계가 있으므로 정욕을 완전히 뿌리치지 못해 죄를 짓는 경우가 발생합니다.

구원받은 사람이 죄를 지었다고 해서 의인이 다시 죄인이 되지 않습니다. 의인의 신분으로 죄를 짓는 것입니다. 여러분의 자녀가 죄를 지었다고 해서 자녀를 버리는 부모는 없습니다. 다만 자녀에게 징계를 내립니다. 하나님께서도 우리가 죄를 지었다고 해서 우리를 버리지 않습니다. 그러나 징계는 내리실 수 있습니다. 만약 하나님의 징계가 없다면 우리는 하나님의 자녀라고 볼 수 없습니다. 징계는 사랑의 표현입니다.

다윗은 남편이 있는 밧세바와 간음하였습니다. 다윗이 하나님께 회개하여 죄는 용서받았으나 징계는 받았습니다. 밧세바 사이에 낳은 아이가 죽었습니다. 다윗이 징계를 받았다고 해서 구원을 받지 못한 것은 아닙니다. 마찬가지로 성도가 하나님께 징계를 받았다고 해서 구원을 잃어버리지는 않습니다.

## 25 구원받은 후에 어떻게 살아야 하나요?

구원받은 사람은 영이 거듭난 사람입니다. 영이 거듭났으므로 하나님과 관계가 회복되어 하나님과 소통할 수 있게 되었습니다. 이제 구원받은 그리스도인은 아담의 범죄로 잃어버렸던 하나님의 형상을 회복해야 합니다. 하나님의 형상을 회복한다는 말은 예수님을 닮아가는 삶을 산다는 뜻입니다. 예수님이 곧 하나님의 형상이시기 때문입니다. 이렇듯 하나님의 자녀가 된 성도가 예수님을 닮아 하나님의 형상을 회복하면서 새롭게 변화하는 과정을 성화라고 합니다.

예수님을 구주로 영접하면 의인이 되면서 동시에 하나님의 자녀가 됩니다. 이는 신분의 변화로서 평생 한 번 이루어집니다. 그러나 성화는 한 번에 이루어지지 않습니다. 평생 이루어 가야 합니다. 구원받고 하나님의 자녀가 되었으나 영적으로는 어린아이입니다. 그래서 우리는 성화를 통해 영적으로 자라나야 합니다.

우리가 하나님의 자녀답게 살려면 어떻게 해야 하나요? 예수님은 하나님의 아들로서 이 땅에서 사실 때 하나님을 기쁘게 하셨고 또 영광스럽게 하셨습니다. 따라서 우리도 하나님의 아들답게 살려면 예수님을 닮아가야 합니다. 성경을 통하여 예수님의 말씀과 행동을 잘 이해해야 예수님을 닮아가는 삶을 살 수 있습니다. 죄가 우리 몸 안에서 군림하지 못하도록 죄에 순종하지 말아야 합니다.

## 26 성령님은 어떤 분인가요?

우리가 예수님을 구주로 영접하고 양자가 되었다고 해서 믿음이 바로 성장하지 않습니다. 갓 태어난 아기를 방치한다면 그 아기는 죽거나 제대로 성장할 수 없습니다. 마찬가지로 거듭난 지 얼마 되지 않은 사람을 돌보지 않는다면 신앙이 성장하기 힘듭니다. 그래서 **예수님은 우리에게 성령님을 보내셨습니다.**

우리가 예수 그리스도를 구주로 영접하면 하나님께서는 우리를 의롭게 여기시고 양자 삼아 주십니다. 곧바로 성령님이 우리에게 오십니다. **성령님이 우리 안에 들어오시는 현상을 성령세례라고 합니다.**

어떤 사람은 성령님을 에너지로 비유하는 경우가 있는데 절대 에너지가 아닙니다. **성령님도 삼위일체 하나님 중 한 분이십니다. 성령님은 진리의 영이십니다. 성령님은 우리를 진리로 인도하십니다.** 하나님에 관해서는 성령님이 잘 아십니다. 그분이 곧 하나님이시기 때문입니다. 따라서 우리는 성령님을 통해서 하나님이 우리에게 값없이 주신 선물을 잘 알 수 있습니다. 성령님은 우리가 육신의 욕심을 따라 살지 않도록 도와주십니다. 또한 성령님은 우리가 어떻게 기도해야 할지 모를 때도 우리를 위해 간구하십니다.

## 27 성령님이 우리에게서 떠날 수도 있나요?

성령님은 구약시대에도 예언자들에게 임하셨습니다. 그들이 예언을 할 수 있었던 이유는 그들의 능력이 대단해서가 아니라 성령님께서 그들에게 할 말을 알려 주셨기 때문입니다. 모세가 장로 70명을 성막의 주위에 세우자 그들 위에 성령님이 머물렀으므로 예언을 할 수 있었습니다. 또한 브살렐이 정교한 성막을 제작할 수 있었던 것도 성령님이 임하셨기에 가능했습니다.

성령님은 이스라엘 민족 전체에도 임하셨습니다. 이렇게 구약시대에도 성령님은 일하셨습니다. 그러나 구약시대에는 성령님이 그 사람 안에 항상 계신 것이 아니라 나가기도 하셨습니다. 이스라엘의 첫 번째 왕 사울에게 성령님이 임하셨으나 그가 하나님께 불순종하자 성령님이 떠나고 악령이 왔던 사건을 기억하실 겁니다.

예수님을 구주로 영접하고 하나님의 자녀가 된 사람에게 성령님이 임재하십니다. 신약시대는 성령님이 그 사람 안에 들어오시면 나가지 않습니다. 그를 끝까지 구원으로 인도하십니다. 성령님은 우리에게 하나님의 말씀을 이해하도록 해 주십니다. 우리를 위로해 주시고 보호해 주십니다. 우리가 하나님의 자녀답게 살 수 있도록 도와주십니다. 우리가 어떻게 기도해야 할지 몰라도 우리를 위해 간구하십니다. 그러나 우리가 성령님을 무시하고 옛날 이스라엘 백성들처럼 내 고집대로 살려고 한다면, 성령님은 우리 곁을 떠나지 않으시겠지만 근심하고 괴로워하십니다.

## 28 성령의 열매를 맺으려면 어떻게 해야 하나요?

성령의 열매를 맺으려면 성령 충만해야 합니다. 그렇다면 성령 충만이란 무엇일까요? 뛰면서 찬양하고 큰 소리로 기도하면 성령 충만한가요?. 그러나 그것은 성령 충만과 무관합니다. 성령 충만이란 성령님의 인도와 역사가 내 안에서 지속되는 상태를 말합니다. 우리 안에는 성령님이 계시므로 우리는 성령님의 인도를 받아야 합니다. 범사에 성령님의 말씀에 귀를 기울여야 합니다. 항상 성령님의 인도를 받아 살아가면 하나님이 기뻐하시는 삶을 살 수 있습니다. 그것이 성령 충만한 삶입니다.

성령 충만하면 열매를 맺습니다. 성령 충만한 사람이 맺는 열매에 여러 속성이 있는데 성경은 사랑, 기쁨, 화평, 인내, 친절, 선함, 충성, 온유, 절제 이렇게 아홉 가지를 언급합니다.

성령 충만하면 하나님과 이웃을 조건 없이 사랑합니다. 구원받은 사실에 항상 감사하며 기쁨이 넘칩니다. 하나님과 올바른 관계가 형성되어 어떤 상황에서도 화평을 누립니다. 하나님의 주권을 인정하므로 하나님의 때를 인내하며 기다립니다. 다른 사람에게 주님을 대하듯이 친절을 베풀어 복음을 받아들이게 합니다. 하나님께서 주신 시간, 재능, 재물을 하나님과 이웃을 위하여 선한 일에 사용합니다. 하나님의 약속을 믿는 충성 즉 신실함이 생깁니다. 주님의 성품을 닮아 순종과 겸손을 지닌 온유한 자가 됩니다. 내 생각, 말, 감정, 욕망, 육욕을 휘어잡아 하나님께 복종하는 절제의 사람이 됩니다.

## 29 교회는 건물을 의미하나요?

교회는 건물을 말하는 것이 아니라 예수님을 구주로 영접하고 성령으로 거듭난 그리스도인과 그리스도인들로 이루어진 영적 공동체를 말합니다. 왜냐하면 그리스도인의 몸이 곧 성령님이 계신 성전이기 때문입니다. 건물은 교회가 아닙니다. 그렇다면 예배를 드리는 장소를 무엇이라고 해야 하나요? 예배당이라고 해야 합니다.

예수님은 십자가에서 돌아가시기 전에 반석 위에 자신의 교회를 세우겠다고 하시면서 지옥의 권세가 교회를 이기지 못한다고 말씀하셨습니다(마16:18). 예수님이 말씀하신 교회 역시 예수님을 구주로 영접한 그리스도인을 말합니다. 성령님이 그리스도인을 구원에 이를 때까지 인도하시므로 지옥의 권세도 교회를 이기지 못합니다. 건물은 지옥의 권세를 이길 수 없습니다.

교회는 예수님을 중심으로 유기적으로 연합되어 있으므로 나눌 수 없습니다. 교회의 머리는 예수님이십니다(엡5:23). 그리스도인은 교회의 지체들입니다. 예수님과 그리스도인은 한 몸입니다. 따라서 한 지체가 고통을 받으면 모든 지체가 함께 고통을 받고 한 지체가 영광을 얻으면 모든 지체가 함께 즐거워합니다(고전12:26-27).

**생각해 보세요**

교회 안에 분쟁을 없애려면 어떻게 해야 할까요? (고전1:10)

## 30 아무나 하나님께 예배드릴 수 있나요?

**아무나 하나님께 예배드릴 수 없습니다.** 우리는 보통 예배당 안에 앉아 있기만 해도 하나님께 예배를 드렸다고 생각하는데 그렇지 않습니다. 아무리 수업을 열심히 들었더라도 그 학교 학생이 아니라면 학점을 인정하지 않듯이 **성령으로 영이 거듭나지 않은 사람의 예배는 하나님께서 받지 않으십니다.**

원칙대로 한다면 예수님을 구주로 영접하고 영이 거듭난 사람만 예배당에 들어가야 합니다. 그러나 대다수 교회가 예배당에 들어가는 사람을 통제하지 않습니다. 사실 영이 거듭났는지 거듭나지 않았는지 눈으로 확인할 수 없기도 하고 통제를 하면 상처받는 사람이 생길 수 있으므로 현실적으로 쉽지 않습니다.

**하나님은 영이 거듭난 사람 즉 하나님의 양자가 된 성도의 예배만 받으신다는 사실을 꼭 알아야 합니다.** 거듭나지 않은 사람은 예배를 드린 것이 아니라 단순히 예배드리는 장면을 보았을 뿐입니다.

**생각해 보세요**

우리는 하나님께 어떻게 예배를 드려야 하나요? (요4:24)

## 31 기도는 어떻게 해야 하나요?

우리는 기도가 하나님께 간구하는 행위라고만 생각합니다. 물론 기도의 내용에 간구도 포함합니다. 기도는 성령님의 도움으로, 예수님을 통하여, 하나님과 소통하고 함께 시간을 갖는 것입니다. 쉬지 말고 기도하라는 말은 항상 하나님과 동행하며 시간을 함께 보내라는 뜻입니다. 쉬지 않고 간구만 하라는 뜻이 아닙니다. 그것은 이방 신을 믿는 사람들이나 하는 행동입니다.

예수님은 바리새인처럼 사람에게 보여주려고 기도하지 말고 골방에 들어가 하나님께 은밀하게 기도하라고 하셨습니다. 골방은 다른 사람을 의식하지 않고 하나님과 독대할 수 있는 마음 상태를 말합니다. 그런 마음만 있다면 골방은 가정일 수 있고 길거리일 수도 있습니다.

예수님은 기도할 때 이방인처럼 중언부언하지 말라고 하셨습니다. 중언부언이란 한 말을 자꾸 되풀이하는 것입니다. 하나님의 뜻이 아니라면 온종일 중언부언하여도 하나님이 들어주시지 않습니다.

기도하면서 하나님께 구할 때는 하나님의 뜻에 맞게 구해야 합니다. 우리는 주로 자녀, 건강, 성공, 학업, 취업 등을 간구합니다. 하지만 예수님은 먼저 하나님의 나라와 그분의 의를 구하라고 하셨습니다. 그리하면 이 모든 것을 우리에게 더하신다고 말씀하셨습니다(마6:33). 우리가 먼저 하나님 나라와 그분의 의를 구할 때 우리 육신의 문제는 하나님께서 책임져 주십니다.

## 32 방언을 못 하면 믿음이 부족한 건가요?

보통 방언을 해야 믿음이 좋다고 생각하는 경우가 많습니다. 그렇다면 방언이란 무엇인가요? 방언은 특정한 지역에서 사용하는 언어입니다. 쉽게 말해서 외국어를 말합니다. 초대교회에 방언의 은사를 받은 사람이 있었습니다. 하나님이 왜 방언의 은사를 주셨을까요? 이방인을 전도하도록 하기 위해서입니다. 예를 들면 로마 말을 전혀 모르는 유대인들에게 방언의 은사를 주어 로마인에게 복음을 전파하도록 하신 것입니다.

방언의 은사를 받은 사람은 이 은사를 어디에 사용해야 하나요? 이방인에게 복음을 전하는 데 사용해야 합니다. 그런데 이방인이 없는데도 은사를 과시하려고 불필요하게 방언을 하는 사람들이 고린도 교회에 있었습니다. 그래서 바울은 너희가 알아듣기 쉬운 말을 하지 아니하면 이는 허공에다 말하는 것이라며 그들을 책망했습니다(고전14:9).

바울은 방언을 말하는 자는 사람에게 해야 하는데 사람에게는 하지 아니하고 마치 영으로 비밀을 말하듯이 하나님께 하니 이는 알아듣는 자가 하나도 없다고 비난했습니다(고전14:2). 사실 아브라함, 야곱, 다윗, 바울 같은 사람들도 방언으로 기도했다는 기록은 없습니다.

그렇다면 지금 알아들을 수 없는 말로 기도하는 것은 방언이 아니면 무엇인가요? 그것은 당사자만 알겠지만 방언이라고 부르는 것보다 다른 용어를 사용해서 불러야 합니다. 방언은 통역이 가능하며 실제로 다른 나라에서 사용하고 있는 외국어를 말하기 때문입니다.

## 33 성찬식을 하는 까닭은 무엇인가요?

성찬식은 주님께서 친히 정하신 예식입니다. 예수님이 직접 정하시고 자신을 기억하여 행하라고 명령하셨으므로 모든 교회가 지켜야 합니다. 기념하라는 말은 마음으로 깊이 생각하라는 뜻입니다.

어떤 자세로 성찬식에 임해야 할까요? 빵을 먹으면서 우리를 위해 찢긴 예수님의 몸을 기억해야 합니다. 잔을 마시면서 예수님이 흘리신 피로 우리가 구속받았다는 사실을 기억해야 합니다. 우리가 당해야 할 징계와 고난, 죽음을 예수님이 대신 담당하신 은혜에 감사해야 합니다. 우리는 빵을 먹고 잔을 마시면서 예수님이 영원한 멸망의 길로 갈 수밖에 없는 우리를 영원한 생명의 길로 옮겨 주셨다는 사실을 기억해야 합니다(고전11:23~25).

성찬식에 참여하는 그리스도인은 모두 한 몸입니다. 머리는 예수님이십니다. 우리는 예수님의 희생으로 한 몸을 이룬 형제이며 자매입니다. 우리는 서로 같은 생각과 같은 뜻으로 완전히 하나가 되어야 합니다(고전1:10).

성찬에 임할 때 누구든지 주의 빵과 잔을 합당하지 않게 먹고 마시지 않도록 자기를 살펴야 합니다(고전11:27~28). 예수님을 구주로 영접하지 않았거나, 성찬식을 단순히 먹고 마시는 예식으로 간주하거나, 죄를 저질러 마음속에 거리낌이 있다면 성찬에 참여하면 안 됩니다.

## 34 휴거란 무엇인가요?

휴거는 성경에 있는 단어는 아닙니다. 휴거는 예수님이 재림하실 때 그리스도인이 하늘로 들려 올라간다는 뜻입니다.

휴거 때 어떤 일이 일어날까요? 데살로니가전서 4장 16절을 보면 알 수 있습니다. 예수님은 천사장의 소리와 하나님의 나팔 소리와 함께 친히 하늘로부터 강림하십니다. 그때 이미 죽은 그리스도인들이 먼저 일어나고, 다음에는 살아 있는 그리스도인들이 먼저 일어난 사람들과 함께 구름 속으로 끌려 올라가 공중에서 주를 영접합니다. 요한계시록에서 사도 요한도 비슷한 경험을 했습니다. 그는 하늘 문이 열리며 자기에게 올라오라는 나팔 소리 같은 음성을 들었습니다(계4:1).

휴거가 일어나면 이미 죽었던 그리스도인이 먼저 부활합니다. 여기서 부활한다는 말은 몸이 부활한다는 뜻입니다. 그리스도인이 죽으면 그의 혼은 바로 천국에 갑니다. 그러나 몸은 휴거 때 부활합니다.

휴거가 일어나면 살아 있는 그리스도인도 휴거 되는데 그들의 몸은 죽지 않았으므로 바로 영화롭게 됩니다(살전4:14-17, 고전15:51-54). 살아서 휴거를 맞은 그리스도인은 혼이 구원을 받는 동시에 몸도 영화로운 몸으로 변합니다. 따라서 살아서 휴거를 맞은 사람은 육신의 죽음을 맛보지 않고 바로 천국에 가는 복을 누립니다.

## 35 적그리스도는 누구를 말하나요?

적그리스도는 종말을 이야기할 때 많이 등장합니다. 요한일서를 보면 적그리스도는 하나님과 예수님을 부인할 뿐만 아니라 예수님이 그리스도이시며 육신으로 오신 사실을 부인하는 사람임을 알 수 있습니다. 따라서 적그리스도는 한 명이 아니라 여러 명이며 과거에도 있었고 현재에도 있으며 미래에도 나타납니다.

요한계시록은 적그리스도를 짐승으로 묘사합니다. 요한계시록에 나오는 짐승 즉 적그리스도는 한 명입니다. 어떤 사람은 요한계시록에 나오는 적그리스도가 로마 황제라고도 하고, 어떤 사람은 교황이라고도 합니다.

요한계시록은 적그리스도의 악행과 심판을 기록하였습니다. 요한계시록에서 적그리스도는 많은 악행을 저지르는데 이는 말세에 일어날 일입니다. 그러나 결국 적그리스도와 그 추종자들은 하나님의 심판을 받고 영원한 불 못에 들어갑니다.

**생각해 보세요**

요한계시록에서 적그리스도(짐승)가 어떤 방법으로 자신을 우상화할까요? (계13:14-15)

## 36 예수님은 어떻게 재림하시나요?

스가랴서에 예수님은 예루살렘 앞 동편에 있는 감람산(올리브산) 위에 서신다고 기록되어 있습니다(슥14:4). 예수님이 승천하신 후 천사들이 제자들에게 예수님은 올라가신 모습 그대로 오신다고 알려주었습니다(행1:11). 예수님이 어디에서 승천하셨나요? 바로 올리브산입니다.

요한계시록에서도 예수님이 구름과 함께 오시며 모든 사람이 예수님을 본다고 하였습니다(계1:7). 예수님은 영광 가운데 모든 천사와 함께 오셔서 거룩한 보좌에 앉으십니다(마25:31).

예수님은 승천하신 대로 구름과 천사들과 함께 모든 사람이 볼 수 있도록 오시며 예루살렘 앞 동편에 있는 올리브 산에 재림하셔서 거룩한 보좌에 앉으십니다. 모든 성도도 예수님을 따라 같이 옵니다(살전3:13). 예수님은 재림하실 때 초림 때처럼 사람의 몸으로 태어나지 않으십니다. 바로 하늘에서 강림하십니다. 누구나 볼 수 있도록 오십니다. 따라서 자신을 재림 예수라고 주장하는 사람의 말에 속지 말아야 합니다.

**생각해 보세요**

예수님은 언제 재림하실까요? (행1:6-7)

# 성경공부 3

**1판 1쇄 발행** 2021년 10월 11일

**저자** 영성교육
**편집** 문서아

**펴낸곳** 하움출판사
**펴낸이** 문현광

**주소** 전라북도 군산시 수송로 315 하움출판사
**이메일** haum1000@naver.com **홈페이지** haum.kr

**ISBN** 979-11-6440-842-9 (03230)

좋은 책을 만들겠습니다.
하움출판사는 독자 여러분의 의견에 항상 귀 기울이고 있습니다.